CIO Survival Guide

for the Experience Economy

CIO Survival Guide

for the Experience Economy

A series of articles in English and Dutch

Chris Parker

JAVA TALK PRESS

Published by Java Talk Press.

Printed by Lulu.

ISBN 978-1-105-85754-6 (pbk)

First Edition, June 2012
10 9 8 7 6 5 4 3 2 1

"Digital technology matters more and more in business today, if not embedded within the economic offering itself, then in how it is designed, created, marketed, and delivered. CIO's therefore have a huge responsibility in contributing to business success."

Joe Pine, co-author of *The Experience Economy* and *Infinite Possibility*

IT in the boardroom

The CIO Survival Guide for the Experience Economy
is a collection of articles originally published throughout 2011 in
the CIO Magazine in the Netherlands (www.cioportal.nl).

The articles in this book are provided in English and Dutch.

Contents

Acknowledgements

Excellent Isn't Good Enough, Now You Need To Deliver The Experience, Too was the name of the presentation I gave in 2010 at the CIO Day conference in the Netherlands. Following the presentation, Rob Beijleveld and Hotze Zielstra from CIO Magazine agreed to have me expand on the topic in articles throughout 2011. Thank you Rob and Hotze for the trust and confidence which allowed me to continue the journey.

Thank you to Melanie, my wonderful wife, for supporting me during the process and for being the final editorial reader of the Dutch versions before they were submitted for publication. Thank you also to all my parents for their support and feedback along the journey: Kathy & Russ Hubbard, George & Trudi Parker and Harry & Rina Zwanziger.

All the primary case studies are based on interviews with people from the companies. Special thanks to everyone who provided information, and in particular: Martijn Schmidt, Rob Melchiot and Maureen Sluiter - van Viegen from Transavia.com; Carrie Motamedi from TechShop; Daan Lenderink from Schiphol Travel; Sandra de Wolf from Salon B; and Aisling Kane from Metro Bank.

My own CIO survival story in the Experience Economy has been supported by some world class thinkers and entrepreneurs. Thank you Joe Pine, Mike Wittenstein, Chris Potts, Albert Boswijk, Ted Schadler, Harry Arrends, Stéphane Munier, Richard Harrison, Erik Jan Bijvank, and Roman Clemens for your support so far!

Thank you also to the wonderful people at LeasePlan Corporation, where I was CIO while writing most of these articles, who all contributed to the journey: Rob Bowra, Brigette Johnston, Tim Shoubridge, Graham Moss Tim, Pike, Kevin Flood, Bart van den Heuvel, Anil Nashier, Emanuel Rutten, Martin van Krimpen and David Major.

Of all the people who reviewed the articles before submission, there was one person in particular who took an amazing amount of time to provide detailed and challenging feedback. Thank you Annick Schoon for your support, which improved the articles, and me.

Thank you to Matthew van Hoorn and the team at VVH Business Translations and to Mireille Geus, my writing coach... thank you for being brave enough to join me on the journey.

About the Author

Chris Parker is an internationally experienced leader, manager and consultant in the areas of Business Technology, Customer Experience and Organisational Dynamics. He is passionate about improving customer experiences with a blend of common sense and advanced technology.

Chris has held executive and consulting roles in various industries, all of which had the focus on large scale change and the impact of technology on business culture. His latest executive role was SVP and CIO of LeasePlan Corporation. Prior to this, he has worked globally in General Management and Change Leadership roles in the Financial Services, Retail, Telecommunications, Semiconductor and Business Software sectors.

He regularly presents internationally on various topics related to customer experience technology. Educated as an accountant in the United States, he later received an MBA from Nyenrode University in the Netherlands and more recently attended the Singularity University. He is a certified Customer Experience Management consultant and is a Founding Individual Member of the Customer Experience Professionals Association.

Chris founded CoolExperience®, a thinking studio through which he works with a diverse portfolio of companies to help them create more tangible value by improving their customer experiences with technology.

Contact him at chris.parker@cool-experience.com.

"Experience starts with execution.
If you do not have your technology and
processes in order, you can forget it and
destroy more than you had before."

Albert Boswijk, Founder & Director of the European Centre for the
Experience Economy and co-author of *Economy of Experiences*

Happy Customers Have More Fun

Part 1: Designing Great User Experiences

There was a time when the users of your systems were your employees. Now, your users are primarily your business's customers. To them, your company may only be your website or an app on their smart phone. The CIO can contribute directly in the boardroom by designing great systems for your customers.

If your systems are not easy and fun to use, your customers will leave. From their perspective, the user experience is your company. User Experience (UX) is about how a person feels when using something and is driven by the perceived value and ease of use of the interaction. Traditional ICT tends to focus more on efficiency of the user interface, while the people who actually use the systems often prefer simplicity and a splash of fun. Brilliantly architected, coded and supported software can generate passionate responses by the users when the UX doesn't work for them. Consider the 'I Hate Lotus Notes' online support group (www.ihatelotusnotes.com): "This website is dedicated to my fellow sufferers who day in day out are forced to use Lotus Notes, causing them to struggle with email communications, squirm at the thought of planning another day and generally fighting for their will to live." If your system's interface sucks, your users won't enjoy it, and you will have wasted money. This can't be left to chance. The CIO has an important role to play in ensuring the customer's experience is positive and memorable.

The benefits of improving the UX of your systems are many, with the most obvious being user acceptance of your purchased or bespoke systems. In order for UX design to be most effective, this should be considered and validated with the real people who will use the system even before requirements are finalised and certainly before code development begins. For systems which are purchased, have these same people conduct usability testing before you settle on a short list for consideration against all your other criteria.

Improving UX can also generate revenue. The story of the '$300 million button' is widely known in the UX community, where an American brick-and-mortar retailer changed one button on their site's layout and the result was the number of customers purchasing went up by 45%. This increased volume resulted in an extra $15 million the first month and an additional $300 million in sales the first year after the improvement was made. The button they changed was simply removing the requirement for all customers to register themselves before making a purchase. This simplified the 'checkout path' which made the purchase process easier for casual customers and left registration for the customers who choose to have an ongoing relationship with their company.

The UX design of your systems is too important to leave up to Marketing to sort out or simply have your developers consider the brand guidelines just before the software is released. The design and development aspects of systems, traditionally separate domains of Marketing and ICT, are now too entwined to be considered independently. Your company needs to make a strategic decision regarding UX which needs to be based on the emotional response you seek to create during the customer's journey – which is more important, efficiency or intuitiveness?

Making Pizza Fun Again

The global market for retail pizza is highly competitive and commoditised. Similar to IT solutions, the pizza market is consumerised (users can make their own or buy frozen pizza) and commercialized (users can order a pizza for delivery or go to any number of local restaurants). Customers can use the phone, or sometimes can use a website, to order a pizza. Simply making this more efficient may include remembering the customer's preferences or simplifying the options available to order, however this doesn't make it more fun. Domino's took the e-commerce challenge to the next level altogether in the US market with the introduction of the Pizza Tracker online and on the iPhone.

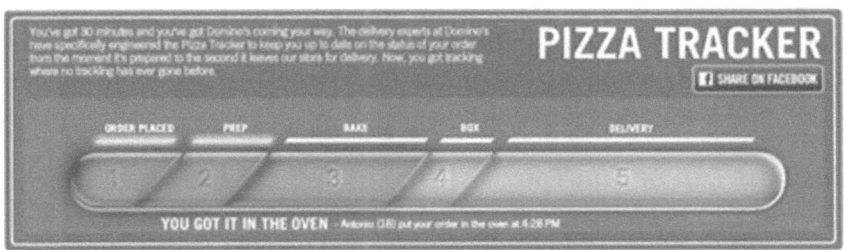

The Pizza Tracker puts the customer in total control of the pizza purchasing experience when they order online or by phone. In addition to the pizza order related information, there are links to Facebook for loyalty promotions, there are games to play while waiting for the pizza to be delivered, the customer can provide service feedback and recently Domino's added themed skins for the customer to further customise the look and feel of the Pizza Tracker. Since its launch in 2008, it has been tremendously popular and Domino's celebrated the surpassing of $1 billion in online sales in 2010 and now only follows Amazon and iTunes in volume of online transactions in the US.

The system is based on intelligence mined from historical data, combined with saved user preferences, the distance of the customer's location from the store, and information about who is working at a specific store at the time. Based on these statistics, Domino's was able to determine with a high enough level of accuracy the time of each stage of the order to develop the Pizza Tracker, which is essentially a simulation of the real order fulfilment process combined with other entertainment for the customer. Domino's doesn't actually track each individual pizza's journey from order to delivery; instead they use the information they have to create a story for the customer to follow. They could not have done this if their current processes were not well under control by Operations and if Marketing wasn't working closely with ICT to ensure the presentation and infrastructure layers were working in perfect alignment.

In the US and other markets, Domino's has released the iPizza app for the iPhone, which provides similar functionality as their website for ordering, and the UX is easy and fun. Now a Dominc's customer doesn't even need to get up from the couch to order a pizza – no need to miss any football, just reach for the iPhone, enter your postal code and order your pizza. In the UK, since it was introduced in September 2010, they have surpassed 1 million orders through the iPhone app and online sales jumped to 63% when combined with their improved website and the promotion of giving a free pizza each week to the Foursquare mayors of their store locations.

Business Can Be Fun Too

Improving UX in the business -to-business (B2B) space can be more challenging, yet even more important than when servicing business-to-consumer (B2C) markets. B2B typically has lower transaction volume than their B2C counterparts, which often make the investment more difficult to justify. It is even more challenging when business customers are locked-in to term contracts which effectively forces them to use the systems you provide – whether they are easy and fun or not. Excellent UX creates an experience which can delight the customer so much they choose to be locked-in, as opposed to the proverbial 'iCuffs' which hold the customer hostage. The higher revenue from individual business customers makes their loyalty more critical to the continued success of a company, and poor UX design will certainly damage this relationship even if it takes longer for this to impact the bottom line.

Business customers buying from you during the day are consumer customers in their personal time, and they are expecting the same type of experience as their favourite social networking site or iPhone app.

The pre-sales and delivery processes of B2B are often long and complex, thus don't lend themselves to being tracked with an online simulator like Domino's. The UX can be improved by using techniques like breadcrumbs to guide the user through a process, moving information outside the barriers of being a registered user, providing complete and accurate product descriptions and being transparent about pricing. The post-sales experience for B2B customers also has many points which can benefit from improving the UX of e-commerce solutions, particularly when they are easy and fun, such as the ordering of spare parts, other supplies, providing manuals and documentation, and presenting information and other business intelligence for their benefit.

Tools Make It More Fun

When UX experts are asked which tools are most important for great UX design, the answer is frequently "paper and pencil, and don't forget your brain!" The thinking behind the design is the most important success factor in UX design and improvement. The UX experts have tools to draft out the flow chart of the design (which they call wireframes) and to actually create the product – leave that process up to the experts. For the CIO, there are various tools and services available which can help ensure your UX efforts deliver the desired result.

If you are having difficulty getting the awareness and funding for UX improvements, then consider conducting usability tests with the people who really use the system while recording their facial expressions along with their screen activity. If your systems need some attention in the UX area, these pictures will make it very clear. Silverback (www.silverbackapp.com) and Morae (www.techsmith.com/morae) are both applications which record the users activities on the screen and their expressions during the testing process.

A common challenge with any development project, and in particular UX improvement projects, is getting a user base to do the testing and having clear feedback about how your changes are impacting the usability. User Testing (www.usertesting.com) is a service which provides a group of anonymous testers who complete the tests and you get feedback very quickly. The Usabilityhub (www.usabilityhub.com) is a bundle of online solutions which allows you to validate and review analytics about the usability of your developments. These services can also be used to get a feel for whether or not your users adore your current systems.

Let's Have Some Fun

An efficiency-led CIO strategy is now less valuable in the Boardroom than a customer experience-led one. You need to find ways to impress on your executive colleagues how vital UX is to your competitive advantage, customer service and beyond. To do this, you will need to demonstrate how your company looks from the outside-in, while many of them are probably more comfortable looking from the inside-out. You need people who are fanatic about the customer's perspective of your company. These people then need to be positioned in the organisation to maximise their influence and to work directly with Marketing and Customer Service.

UX design will continue to grow as a key competency of any business, and it is more than just a brand manual from Marketing or complying with the ISO 9241 standard on human system interaction. Your UX needs to embody the brand position you are striving for and be a holistic part of the customer's journey.

Your journey to improve the UX of your systems and websites isn't going to be without pain or occasional failure. The content and technology are constantly changing, which requires perpetual development and testing. Sometimes things go really wrong, and not just in the form of bugs. The Pizza Tracker from Domino's, for example, doesn't take into consideration if an order does not include a pizza – so when you order only soft drinks, these also go into the oven!

The CIO's User Experience Survival Action List:
1. Educate yourself and your team on UX with the below resources in the last chapter.
2. Assess your current systems UX by the people who use them and with external advice.
3. Enhance your software development life cycle by including UX design before development.
4. Test for usability – and fun – early in the development process.
5. Hire or partner with a User Experience Architect to make this all happen.
6. Make friends with the Chief Marketing Officer (CMO), as this is important to both of you.

Hire the Smile, then Train the Skill

Part 2: Delivering Excellent Customer Service

Today's customers demand everything. They demand service information on an almost real-time basis, delivered to the device of their choice, and at a time which is convenient for them. If you fail to deliver, your customers will buy from someone else. Increasing customer loyalty with the use of social media is a Boardroom topic which the CIO can now engage in directly.

Successful customer service is more than a desk in the back of a store where customers are informed what your company won't do for them. Companies claim to be customer centric, however too often when something goes wrong in the process it is the customer who is left disappointed with nobody to talk to. Whether buying consumer electronics or complex business software, the customer journey is bound to go wrong at some point. Outstanding customer service occurs when your employees are happy to solve these problems for your clients. Your clients will then be delighted to be part of that journey, even if the process has failed. It is the customer orientation of your staff which will make or break the experience for the customer – will they leave disappointed and angry or satisfied and even more loyal than before?

Social media has changed the face of customer service. An angry customer used to be able to tell a handful of their personal friends about the horrible experience they had with your company. Now, with video cameras in mobile phones, these angry customers became roaming news reporters looking for your next failure so they can become more popular on YouTube. A Canadian country singer was forced to use social media to get the attention of an airline after they damaged his guitar. The 'United Breaks Guitars' video on YouTube has been watched over ten million times. The result has been severe embarrassment to the airline, and has launched the singer's career. Your challenge is to get these passionate customers to use their talents and technologies for good, not evil.

The CIO has an important role to play in the digital customer service arena. Our background in improving productivity with the creative use of processes, data and technology is exactly what social media is all about. First, start with hiring people who are genuinely interested in pleasing the customer. Ensure the purpose of their job is to serve the customer, and not simply complete a process step as described in a work instruction document. Then, provide them with soft- and hard-skills training and whatever tools are necessary to actually do their job. Hire the smile, and then train the skill.

A common problem is there is rarely time to provide service right the first time. Oddly, there always seems to be time to do the work again after the customer complains. An unusual response to this dilemma from some companies is to digitise or automate the initial service interaction, and focus the human energy on resolving all the problems which are caused by doing this. Only automate or digitise in the virtual world what you have mastered in the real world and ensure your customers have enough opportunity for real human interaction. When a customer has a problem, the last thing they want is to be trapped in automated attendant menus or even worse, not being able to find a phone number to call to reach your company at all.

GiffGaff (www.giffgaff.com/index/payback) is a company which has solved this interaction dilemma in a creative way. They have based they whole business model on the power of customers supporting themselves and other customers. The company financially pays back customers in points, which are valued at one penny each, whenever they refer a new customer or help answering questions on their public online community. It is unlikely that GiffGaff customers will cause a social media crisis when they are rewarded for being part of the service process.

A social media crisis isn't only caused by angry customers. For example, a video was posted on YouTube by some Domino's Pizza kitchen staff as they did disgusting things to the pizza's they were baking. The Tweets posted by Kenneth Cole stating the recent Egyptian riots were caused by their new spring collection demonstrated that a company itself can cause a social media issue to explode. Develop a 'social media crisis response plan' before you need one. Investing now in your online customer relationships and communities is the best defence. Your customers will be more forgiving when something goes wrong and some will even come to your rescue when other customers start to complain.

Transavia.com is Smiling

But it can be different. Transavia.com, the airline which describes itself as "low cost, low fare with individual service", has experienced this positive benefit customers defending them on public social networking sites. Late last year, when there were unusual delays caused by weather, some of their customers came to the rescue when angry travellers started to complain on their branded Hyves site.

Transavia.com's social media journey started just over two years ago. Martijn Schmidt, an Online Marketeer intern, was the person who actually created the branded communities on Hyves, Facebook and Twitter. He made sure the company was present on the social media networks. At that time, about 40,000 Hyves users had already tagged themselves as fans of the Transavia.com brand. These gave Martijn the confidence that his customers were indeed active on this channel and were interested in engaging in dialogue.

These social media communities evolved into important channels to handle information needs for customers and to gain valuable information for marketing purposes. Above all, this has allowed Transavia.com to have customers interact with their brand. Customer inquiries vary from complaints about flight delays to students asking about different types of airplanes for their school reports. Marketing has been able to support this initiative by providing community members the opportunity to win flight tickets if they respond to a poll or enter into a contest.

Transavia.com promotes the use of social media with their customers as a platform for registering complaints. This is why they use RightNow software which is designed to accommodate a large number of questions and answers. There is an option where customers can use a smart webform to fill in their complaint and they can be quickly resolved. The customers tend to use the easiest channel to complain, which is social media, however this channel doesn't lend itself to providing detailed feedback to the problem. This is the constant balance which Transavia.com is working towards.

Transavia.com's communication has been a mix of personal styles and the formal brand of the company. Martijn and his colleagues are able to answer most queries immediately from company information that they have available and with their own common sense. Obviously, any information which is not able to be shared off-line will not be shared online. Complaints are matched or passed to the Customer Services Department, which also has staff trained with social media.

With just over 4000 followers on both Hyves and Twitter, and almost 8000 on Facebook, this is more than enough interaction for a single person to manage without any supporting tools. The nature of Transavia.com's market is also important, as they have positioned themselves as an airline for holidays and city trips. Traditional airlines with larger markets have far more followers on Facebook – KLM has over 100,000 and Southwest Airlines in the US has over 1.3 million. Air travel is a very emotional experience, and the investment of Transavia.com in social media interaction will certainly result in more loyal followers.

Transavia.com reorganised themselves in 1996 and created an E-Commerce department, which was then later merged with Marketing. This function provided the clear interface to the customers through online channels. This was done even before the power of social media was understood in the market. Rob Melchiot, Transavia.com's Executive Vice President of Finance and ICT, explained that their traditional IT is positioned as a support function for the development of the digital domain. When they were searching for a CIO recently to manage this support function, a key competency in the search was communication – the IT person simply had to be able to communicate effectively with Marketing & E-Commerce.

Their management of Transavia.com has been observing how the airline industry is adopting social media, and how their customers are responding to their own efforts. According to Melchiot, "we are a low margin and global industry; we need to adapt or die." Processes between departments needed to be reviewed and streamlined, as communication on social channels is a one-time chance. You must get it right the first time and it must be done quickly. The use of social media channels to serve their customers is contributing to the continued success of Transavia.com and their social strategy is officially on the Boardroom agenda.

Don't Make Me RTFM

Providing excellent service to business (B2B) customers is based on the same philosophy as serving retail (B2C) consumers. Start with people who are passionate about solving the customer's problems and then give them the training and tools to succeed. Hire the smile, then train the skill. Engaging with B2B customers can be even more rewarding for your company as there is probably already a customer record for these people and loyalty can be tracked easier. NetApp (communities.netapp.com) and HSBC (www.hsbc.co.uk) both have successful communities which allow customers to interact with each other and be supported directly by company staff. Whether you have a branded community on a public social media site or provide an exclusive "gated" community for only your customers, the information you gain – both positive and negative – can be like a gold mine.

The companies which are most successful at delivering excellent customer service know when they stop worrying about money and concentrate on serving the customer, the money will follow. This paradox is too often ignored in service failure situations when the customer has already paid. Simply telling a customer to 'RTFM, or Read The F-ing Manual' on a social media site is just as frustrating for the customer as telling them this over the phone or in person.

It is common knowledge in the customer service industry that customers spend up to ten percent more for the same product which comes with better service. If these facts alone often don't stimulate the necessary focus internally to improve service performance then get creative to capture the imagination of your commercial colleagues. Why wait for someone to become your customer before engaging them with social media? You most likely know which B2B customers are currently being served by your competitor, so why not start tracking them and jump on the first opportunity to solve their service problem before your competitor even knows there is an issue?

Tools To Make You Smile

If your organisation has not yet woken up to the benefits and risks of social media in your industry, there are free online tools like Social Mention (www.socialmention.com) and How Sociable (www.howsociable.com) which you can use to quickly scan for your company, your customers and your competitors. These tools will give you a snap-shot of current activity on the different social media channels, and give you a score to compare activities between different organisations. For ongoing tracking of your company, set-up a Google Alert (www.google.com/alerts) which will forward you any news or other information on the web about whatever keyword you desire. Armed with this information, you can approach other internal executives to gain support for your social media powered customer service strategy.

Whether you want to create open communities like Transavia.com or exclusive communities for only your customers, there are various solutions to get you started quickly. If you don't want to use public social networks like Hyves, then Yammer (www.yammer.com) is a free online solution with basic functionality for your internal organisation. If you are ready for an enterprise-class solution which provides community, collaboration and monitoring functionality in an integrated suite, consider solutions like Jive Software (www.jivesoftware.com) and RightNow (communities.rightnow.com).

Smiling As a Strategy

It is unfortunate that the CIO is unlikely to have direct customer contact, so this area requires close cooperation with Customer Service or Client Relations. An efficiency-led CIO strategy is now less valuable in the Boardroom than a strategy which ensures your customers are more profitable and loyal. Sometimes, such as in the Transavia.com example above, the best thing traditional IT can do is to get out of the way. Whether IT is directly involved or not, providing excellent customer service through social media channels is a competency any business needs to develop. In the future, this will be a survival skill as the ability of customers to damage your brand becomes an even greater threat. Sometimes, the best entry strategy is simply to let the intern start something small based on his own initiative.

Or, perhaps, your company doesn't need to worry about serving customer through social media channels at all. Perhaps when you scan for your company name and industry on social media sites it reveals nobody is talking about you. Perhaps when you research what your customers are busy with online, you discover they aren't busy with you. Perhaps your brand and services are so perfectly average that they don't cause an emotional reaction with your customers at all. If that is all true, then you might not need to worry about a social media crisis anytime soon. It is also unlikely, however, that you will be able to attract that smiling intern with who is passionate enough to break the rules to serve your customers even better. How will you hire the smile?

The CIO's Customer Service Survival Action List:
1. Educate yourself and your team the fundamentals of customer service.
2. Assess your current social media activity and determine where your customers are online.
3. Ensure your hiring practices are based on hiring the smile, then training the skill.
4. Test some social media initiatives to improve your service performance.
5. Review your service performance by hiring a mystery shopper service.
6. Make friends with the head of Customer Service as you can't do this alone.

B Ready For Relationships

Part 3: Maintaining Excellent Customer Relationships

Being in a relationship is hard work. The increasing demands on everyone's time makes it difficult for people to invest in relationships. Strong emotional connections only grow through sharing experiences together. The CIO can deliver value to the Boardroom by ensuring your people are able to have meaningful relationships with your customers.

When was the last time you told a friend that you were going to implement a system to manage their friendship with you? It's unlikely you would explain it this way to your friend. Although you probably already use various systems to make your friendship more meaningful. It is now normal to keep your contacts up-do-date on your computer, mobile phone or online so they are easily available. You are able to remember and act on every birthday and anniversary, which enables you to be a better friend. Companies often lose sight of why they use Customer Relationship Management (CRM) solutions. Too often staff sitting in an office start to view the customer as a task list or a complaint case to be resolved. While systems help capture and analyse information, the purpose should be to facilitate a meaningful relationship with your customers.

Personal relationships can be defined in various ways. A relationship can be a series of transactions, some forced connection such as in a family, an intimate sexual involvement or an emotional connection. Companies tend to focus on the transaction, often trying to force the customer into a relationship which they can't easily escape and many times use sex in advertising to make the connection. The more challenging and more rewarding view on relationships is the establishment of an emotional connection between people – between your employees and your customers. People are able to create these types of connections when they have repeated interactions and are able to work towards a common goal like sharing a service experience or resolving a service failure.

When you are emotionally involved with another person, it is not unusual to ask for support and favours in times of need. During the worst of the economic crisis, Joie de Vivre hotels in California (www.jdvhotels.com) wrote letters to their loyal customers explaining that they were in deep trouble. They asked these people if they could share their positive feelings for the hotels with their personal network and ask if these people would be willing to choose Joie de Vivre when travelling in the area. It is only after establishing strong relationships with your customers that you can send out a call for help with the confidence it will be received positively.

A letter like Joie de Vivre wrote could have gone horribly wrong if the customers had never heard from your company before or if they didn't have an emotional bond with your brand and your people. Even worse, the letters could have made people angry if they appeared to be generated from a CRM system instead of coming directly from the CEO himself. Joie de Vivre has their 'Joy of Life Club' for loyal customers, but that is not the reason why customers were willing to go out of their way to help the company in time of difficulty. It was because the people who work in the hotels authentically care about the people staying with them and the customers appreciate this.

The CIO has an important part to play in the customer relationship. The systems, processes and information must be available in order for people to have time to invest in relationships. If the common topic of discussion is about systems always being down, network failures or erroneous invoicing, it is unlikely people will have the time to become friends. Too often, organisations focus on winning back customers who have defected instead of investing in building strong relationships with customers who may wish to be friends with your company in the future. Do you spend more time trying to win back customers which have left or taking care of the customers who choose to have an ongoing relationship with you?

B Creative

Depending on how your company is positioning itself in the market, there are many creative ways the CIO can help connect your staff with your customers. A fun example is Barber Bart in New York City (www.barberbart.com). They have updated the traditional barber shop experience and made it more convenient for clients. One of the ways they have made it more convenient is having an online reservation system, so a customer can make an appointment on their own whenever they want and allows the staff to focus on building relationships instead of doing administrative tasks.

Barber Bart in New York makes it easier for their customers to have a relationship with them

Such a simple innovation is helpful to enhance the already existing relationship between a traditional barber and their customers. Customers of a barber already have a deep trust for that person. After the barber applies shaving foam with a brush, he proceeds to use a straight edge razor against the skin of their neck and face for a close shave. You don't get much closer than that in a relationship and the online convenience just helps keep the customers to coming back.

B Happy

The Salon B chain of salons in the Netherlands (www.salonb.nl) is in a similar business as Barber Bart, however doesn't have the intimacy of a shaving experience on which to build relationships. They have many issues which make it more complicated to build a lasting relationship with its customers, such as multiple locations, various staff working with customers, and a wide variety of service options. To create conditions for relationships to grow, Salon B creatively developed their business model, processes and systems to create a fantastic salon experience

The business model adopted by Salon B is not revolutionary and is the norm in other markets like the United States. Instead of hiring the stylists as employees, they enter into a relationship with contractors. These independent professionals make a commitment to the salon for a period of time and pay rent for the use of a station. The rent covers the overheads such as the location, the administrative staff, ongoing education opportunities and the supporting systems. This model creates an atmosphere where the stylists go out of their way to maintain the highest level of quality and are motivated to create lasting relationships with their customers.

The Salon B Creative Team of Andy Uffels, Ilham Mestour and Marriet Gakes maintain the philosophy of applying their experience from the back stage of catwalk fashion shows to the front stage of Salon B. They work to ensure the latest trends and techniques from the most famous of fashion brands and models are available for their salon customers. It is in Salon B's interest to ensure their customers look fantastic and their independent stylists are successful.

Fundamental to the ongoing success of the salon and the stylists is the ongoing training. The training options cover topics you would expect such as styling techniques and product information. Salon B takes this a step further to provide training for their stylists in maintaining relationships. 'Personal Marketing' is a training where the stylists learn how to establish and maintain their personal brand and how to take advantage of the all the tools the salon provides them to connect with their customers.

The services provided by the salon are also beyond their traditional competition. In addition to the standard shampoo and cut, it is possible to have a half-hour head massage before the styling begins. After a wonderful massage during the shampoo process in a relaxing environment, a treatment which smells of fresh mint is applied and then a warm towel is placed on the head. This is an excellent way for customers to relax for a moment during their busy day. It is also very profitable for the salon as they can use support staff to give the massage. Salon B also uses this as a promotion occasionally by giving free head massages to returning customers, which generates more visitors for other services during cyclically slow periods. These types of promotions create value for the customer, traffic for the stylists, and keep the staff utilised during slower times.

Salon B uses the Shortcuts (www.shortcuts.net) off-the-shelf software solution to record the contact details of the customer. It also tracks which stylist the customer has seen previously and their complete purchase history, which is helpful in case a customer has forgotten which styling product they purchased previously. Salon B takes advantage of the software's capabilities by having a point system for loyal customers. For every Euro spent at the salon a customer earns points which are redeemable for products. After a few visits, the points quickly add up and the customer can choose a product for a nice discount or even free.

Salon B is not a low cost salon, however they are also not the most expensive. Located in city areas there is plenty of competition. Often their competition is literally across the road, yet they are able to maintain a higher than average rate for their services. Over the last few years during the economic crisis, when most salons have been struggling, Salon B has continued to grow and maintain profitability. While they aren't doing anything revolutionary, they successfully bring it all together in a consistent and authentic way. They focus on creating the conditions for the customer to be happy, they work with the right people who enjoy building long-lasting relationships with people and have supporting processes and systems to make it all work seamlessly.

B Innovative

The consumer hospitality and beauty industries are based on human contact between people, so it is natural that they should have successful customer relationships. Other industries, in particular business-to-business, can also have winning strategies based on strong relationships. The more a CIO becomes aware of the marketing principles behind CRM, the more these CIO's will be able to connect with commercial staff and relate to external vendors. The Marketing and Sales departments have measures and targets regarding customer satisfaction and loyalty. The more a CIO understands the motivation of these stakeholders, the more likely they will have a strong relationship. Technology vendors which are selling to businesses are aware that their products and services are hard to differentiate, which is why they invest heavily in events and other experiences for their customers to connect with their brands.

For any company, there are opportunities which the CIO can pursue regarding the business model, hiring practices and supporting processes. Are there additional services such as Salon B's head massage which your company can deploy to utilise idle resources and create value for the customer? Is there any room in the margin to increase the unit cost slightly in order to provide specific discounts or other value later in the lifecycle of the customer? Do you hire the best people for the roles in the company which are most likely to build long-term relationships with your customers? These are all questions which can be investigated based on the insights a CIO has on the company's information, processes and technology and can be implemented immediately in the functions the CIO is responsible for.

B Smart

The easiest way to discover the most efficient tool to maintain customer relationships is to go ask the most successful sales people in your company. They probably use elegantly simple solutions, probably based on pen and paper or standard software on their own computer. This is all you need to maintain contacts, however the person needs to be genuinely interested in investing in the relationships to keep it up to date. Keeping customer records current is hard work, and even harder if you are sharing this data across multiple functions. The CIO is the person to help the company manage their customer intelligence effectively.

Before you start implementing software solutions for CRM, make sure you are ready to invest in the relationships with your customers. An efficiency-led CIO strategy is now less valuable in the Boardroom than a strategy which ensures your staff is able to build meaningful and lasting relationships with your customers.

If your company hasn't already invested in CRM on a large scale, then you may consider investigating some alternative solutions. Zoho CRM (www.zoho.com/crm/) is free for the first three users, which will allow you to start getting acquainted with the possibilities. SugarCRM (www.sugarcrm.com) has a Community Edition which is free to use, and they have a demo version of their enterprise product which is available free for a limited time. Now might be the time to benefit from the relationship with the software vendor you have been investing in all these years. I'm sure they will provide you with some free demo versions to allow you to test their solution against your ambitions.

B Ready

Any company can hire the right people and provide them the tools and processes to succeed. Any company can develop a brand position and value proposition which might be interesting for their customers. The difficult thing for companies is to allow the authentic personality of their people to show through all the processes and systems in a way that relationships can grow over time. A stylist at one of the salons summarised how it all comes together: "Salon B really makes sure there is a great atmosphere in the salon. The people I work with are nice and this creates a nice experience for my customers."

The CIO's Customer Relationship Survival Action List:
1. Assess your current relationships against the companies you love to buy from.
2. Enhance your business model, hiring practices and processes to support relationships.
3. Hire or partner with a strategic marketing firm to help you plan your relationship strategy.
4. Educate yourself and your team on the latest trends in CRM philosophy and solutions.
5. Test the strength of your relationships by asking if your customers would help you in time of need.
6. Make friends with your hair stylist and learn how they maintain customer relationships.

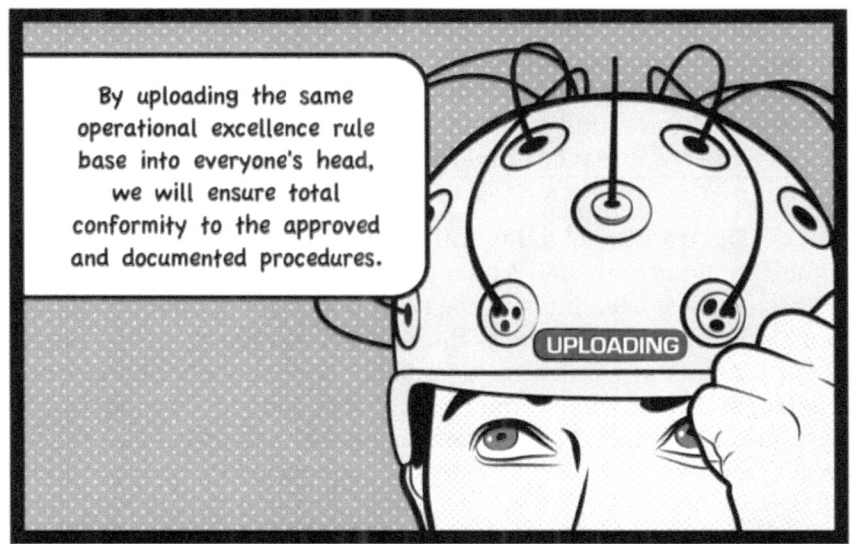

People Are Not Machines

Part 4: Contributing to a Positive Employee Experience

> The employee experience is where the customer experience begins. Caring for your customers is something your employees must genuinely want to do. As the CIO, you can contribute to the boardroom by creating an environment where your employees will desire to deliver great customer experiences.

The traditional definition of operational excellence is "do it right the first time". While this is a beautiful ambition and industries have been built on the back of Total Quality Management and Six Sigma, the problem is things don't always work as planned when humans are involved. It quickly becomes your employee's challenge to maintain the customers' satisfaction once the customer has stepped out of the process your company hoped they would follow. The use of external partners to deliver services further complicates this as the employees interacting with your customers might not work for you directly. Too often, customers with a question get lost in a maze of departments and ultimately end up in the complaints management queue. The CIO has an important role to play to ensure this doesn't happen. Having an explicitly designed experience for your employees and customers will enable you to avoid investing in technologies and processes which are not important for these people. This helps you focus your spending and has a positive impact on your brand image in the market.

Enhancing the employee experience in order to improve the customer experience is not a new concept, although historically different words have been used to explain the ambition. The 'Service Profit Chain' as described in the Harvard Business Review in the early 1990's quantified the benefits of customer satisfaction and loyalty which results from employee satisfaction and loyalty. The experience customers and employees have with your company is the most important factor contributing to their satisfaction and loyalty. Companies which realise this are able to achieve an enlightened definition of operational excellence, which is having engaged and empowered employees who continuously improve the customer's experience. It is your responsibility to create the conditions where your employees will desire to serve your customers.

Making Travel Human Again

Daan Lenderink had this in mind when he started Schiphol Travel in 2000, which is an independent business travel agency (www.schipholtravel.com). After working for many years in the travel industry for the largest players, he realised there could be a better way than the traditional approach. Daan built his travel company specifically to address the unmet needs he saw with midsized and multinational clients. He was inspired by Peter Senge's concept of the learning organisation where a company continually transforms itself by enabling the learning of its staff. Traditional travel agencies fail to deliver a consistent customer experience due to the complexity caused by having many different departments being responsible for different parts of the process. Schiphol Travel simply makes the dedicated Account Manager solely responsible for everything. This means the Account Manager is responsible for the overall operation including handling reservations, ticketing, invoicing, credit control, reporting, contracting, relationship management, evaluation and providing internal analysis on expected turnover.

There are no part-time Account Managers on the team, because the customer experience design is based on being personally available every day for their assigned customers. In order to ensure a high level of quality among its staff, Schiphol Travel pays about 20% more for their staff than competitors do. With headcount being the largest contributor to overhead this is significant. They have provided high quality wood desks and placed them in some of the most expensive office space located at international airports so they are close to the industry and to allow staff to come from great distances every day using public transport. Where Schiphol Travel doesn't invest is unnecessary bureaucracy or fringe benefits which are less important to the staff. They don't have sales staff and only have three directors for over 70 Account Managers and they don't provide their staff with mobiles phones or lease cars.

Daan refers to this operating model of focussing on the employee experience as the 'anti-call centre' and it has enabled Schiphol Travel to be the fastest growing travel agency in the Netherlands for the last four years, and they have expanded to Heathrow in the United Kingdom. The Account Managers at Schiphol Travel are not your typical travel agents, as Daan spends more than half his time recruiting and developing his team. Because each of his staff is responsible for the whole process, they are motivated by the feeling of running their own business and have a much stronger desire to satisfy the traveller immediately. After all, it's their personal client, and if isn't done right the first time they will be the one to clean it up later. When Daan is interviewing potential Account Managers, what he looks for is this devotion to getting the job done for clients.

My Client Is My Baby

Having a dedicated person assigned to a customer account is the foundation on which Schiphol Travel designed its service model. Although they charge less than their competitions full-service fees due to lower overhead, they are still more expensive than online travel booking options. Their 'secret sauce' is called 'Smart Ticketing', and is comprised of over thirty creative ticketing techniques which they have perfected over time. These techniques are not possible without the skilled Account Managers who have a deep understanding of the customer's travel patterns. For example, a common technique is booking overlapping flights to take advantage of discounts when a traveller has a consistent travel pattern. This, and other more advanced techniques enable Schiphol Travel to regularly save their clients over 20% on fares which are available to the public. Another approach, which saves costs for their customers, is their simple invoicing. They charge a fee only when the customer makes a booking which generates a travel invoice. All other activities, including unlimited changes, are not charged separately. They differentiate themselves in their processes and the simplicity of their invoicing.

What really contributes to the loyalty of their customers are the things which the Account Managers do outside of the normal procedures. They have effectively unlimited authority to resolve a customer problem on the spot in whatever way they deem most appropriate. This resulted in Daan having only 10 complaint escalations last year across all 700 customers. In addition to finding creative ways to solve customer issues, they have also found ways to make life easier for the travellers. Booking tickets with air miles is not as easy as paying for a ticket, and most travel agents won't make these types of arrangements. Schiphol Travel has been known to use miles on the request of a traveller, as this helps the customer even though it is less profitable for the company on the short-term. These aren't the only times where a competitors failure has been turned into opportunity by an Account Manager. During the flight disruption last year due to the ash cloud, they won a big new account after helping someone get home who wasn't even their customer.

Schiphol Travel does not use exotic technology to enable their Account Managers to deliver this level of customised service. They use the Galileo system for flight reservations and use a separate bespoke system to manage the travel records. Their IT support has been outsourced completely to BizQIT (www.bizqit.nl), a local managed services provider. In order to provide their travellers with mobile access, they worked with Sound of Data (www.sod.nl) last year to develop and release the first mobile app for the business travel market in the Netherlands.

Technology Comes To Life

A similar philosophy has been applied in an industry which is closer to home for the CIO. Vineet Nayar, of HCL Technologies (www.hcltech.com), adopted a daring philosophy which he called the 'Employees First, Customers Second' in order to get the company back on track when he was appointed as President in 2005. He was used to being able to completely transform his organization every two years, however this was not immediately possible with this larger organisation and its history. He saw to major issues preventing him from making HCL into an organization which is constantly improving and transforming. First, he observed a lingering trust deficit in corporate leadership in the market in general, and secondly, he concluded that value is now created between the customer and the front-line employee. In response to this, he inverted the accountability structure in the company, making management accountable to enable the work performance of the staff.

HCL lost a few customers almost immediately because they didn't believe in the new approach. However, pretty quickly they won three global deals and the organisation became more confident. In addition to commercial successes in the market, the benefits continued to come in unexpected ways. For example, when Vineet was visiting his offices around the world to communicate the introduction of a new ticketing system, an employee in the United Kingdom challenged him why they have tickets at all? If they are managing their customers technology to the levels they aspire to, shouldn't this mean zero tickets? This evolved into a company-wide objective to have zero tickets, which went on to break down functional barriers as the staff started working collectively towards this higher purpose.

Let The Machine Work For You

There are various technologies a CIO can deploy to further improve the performance of an engaged and empowered workforce. Ted Schadler and Josh Bernoff described four of these technologies in their book 'Empowered', which you can deploy today: smart mobile devices, pervasive video, cloud computing services and social technology. These technologies won't help the customer experience by themselves. Their successful use requires a change in perspective from management. Because the employee experience is where the customer experience begins, management must first focus on ensuring the employees have a positive experience. Bruce Temkin of the Temkin Group (experiencematters.wordpress.com) has developed the 'Employee Experience Virtuous Cycle' which clearly shows the self

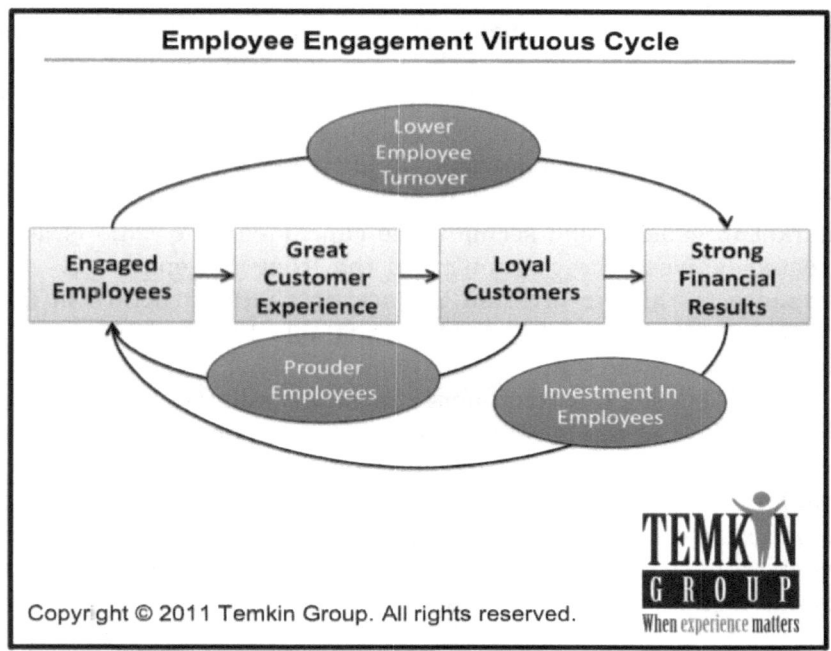

perpetuating nature of investing in the employee experience. The challenge for the CIO is to develop his or her own strategy to create a consistent and appropriate employee experience for the staff.

It's Time To Tune-up Your Team

Any business in any industry can improve its customer experience by improving its employee experience. This is also possible for internal support services like those a CIO is often responsible for. If you are aspiring to this level, then the journey needs to start with engaged and empowered employees. Technology alone won't create a team like Schiphol Travel's Account Managers. As Daan has proven, this level of customer service doesn't actually need advanced technology or large investments in additional staff or marketing programmes. The next time you are confronted with a complaint escalation from one of your customers, maybe it's time to take a hard look at the employee experience you are providing instead of pointing your finger at the employee.

The CIO's Employee Experience Survival Action List:
1. Educate yourself and your team on the importance of the employee experience.
2. Assess how your current operating model is contributing to this experience.
3. Enhance the level of empowerment your staff have to serve your customers.
4. Test if this improves the level of engagement of your staff.
5. Hire or partner with a employee engagement specialist.
6. Make friends with the HRM, because you will need them to change some rules.

Creating Fans, Not Customers

Part 5: Creating Meaningful Customer Experiences

> Managing the customer experience is quickly becoming a fundamental survival skill for companies in every industry. The entire Board must be actively involved as this spans the entire enterprise. As so much of the customer's experience is based on technology, the CIO plays a key role in making this happen.

Every company has limited resources, yet too few use their customer's experience as a baseline from which to make investment decisions. Mike Wittenstein, one of the world's most prominent customer experience strategists, has an elegantly simple equation to describe the benefit of improving your customer experience: take everything you do FOR your customer and subtract everything you do TO your customer and you are left with the value created for the customer. The reason why Customer Experience Management (CEM) is important for the CIO is through this thinking process you can determine what is most valuable for your customers. CEM lets you focus on what's important to your customers and your brand while increasing profitability by avoiding unnecessary costs.

There is no scientific measure to indicate if the experience you are providing your customers is good or bad. The customer's experience is a personal emotional reaction which does not always respond to direct intervention. The best way to determine if you are succeeding in delivering the experience you intend to is to talk to your customers. Alternatively, you can use indirect metrics such as customer satisfaction scores, complaints and compliments metrics and loyalty. Net Promoter Score (NPS) is a simple and widely used measure of loyalty and is considered a standard in many markets. It is simply a calculation based on the answers from customers when they are asked how likely they would recommend your company to a friend or colleague. Subtract the very low scores from the very high scores, ignoring the average scores, and you have the NPS. If your company values the loyalty and retention of its customers, then NPS is a good measure to manage, and managing the customer experience is a proven way of improving this score. In the UK banking sector, where some banks have begun charging customers for using other bank's cash machines, it is not unusual to have a very low score. Barclays currently has a NPS of - 35. On the other hand, there are banks which are focusing heavily on the customer experience and their NPS is reflecting this effort, such as Metro Bank which has a NPS of 85! Metro Bank is clearly creating a fan base for their bank, as opposed to a customer base.

In the banking and retail sectors, Forrester has observed there is a high correlation between improving the customer experience and the resulting higher NPS. If your company is struggling with loyalty then customer experience improvement should be high on your list of personal priorities. Sadly, when companies are struggling with reducing loyalty and profits, they often resort to efficiency projects to reduce costs. Applying Lean Thinking after the fact to a poorly designed customer experience will risk the elimination of special and unique things which your customers might love. An efficient customer experience is not necessarily a good customer experience. Companies who provide consistently excellent experiences for their customers have defined up front what the fundamental purpose of the company is and everyone in the company is working towards that purpose. Based on that shared and agreed purpose, decisions can be made as to what should be provided to the customers and what shouldn't be. You can't fake a good customer experience.

No Stupid Rules

Metro Bank (www.metrobankonline.co.uk) opened its first location just over a year ago. They decided up front what their purpose is and what they won't provide their customers. Their business model is based on serving the customer and they have decided to break from the style of traditional banks in a number of key areas. For example, as they are competing on service and not price, their interest rates for savings accounts are in the middle of the pack. They have also decided not to allow customers to sign up for new accounts online. While this might sound like an inconvenience, they have done this intentionally because a fundamental pillar of their experience is starting the relationship face-to-face.

Metro Bank has purposefully designed their business this way to deliver one of the most amazing customer experiences in the financial industry today. According to Anthony Thomson, the Chairman of Metro Bank, "We have to absolutely own the interaction with customers, so we use our own people, on the phone and in-store." Notice that he said he owns the relationship in the 'store', as opposed to a 'branch' as most bankers might say.

When they designed their store location concept, everything was done through the eyes of a retailer. Their locations are exclusively in high visibility locations in the centre of London, are almost three times the size of an average bank branch, and are unique in that they have an open floor plan and glass walls to create the feeling of space and openness. They don't have thick security glass separating the staff from the customers, as this would take away from the retail experience.

They don't only look like a retailer; they also act like a retailer. Their stores are open early to late seven days a week and are mystery shopped at least every other day. They didn't stop at the conveniences you would expect from a good retailer, such as having toilets which their customers can use. They continued to provide additional services to live up to their experience ambitions by providing free coin counting machines for customers and non-customers alike and have made it a big deal that they are dog friendly Dogs are welcome, and will even enjoy a biscuit and water bowl while their owner is opening an account or having their coins counted. The dog doesn't have to wait long, as Metro Bank has designed its processes so a customer can open an account in 15 minutes and walk out with their permanent bank cards and cheque books.

In an age where established banks are arrogantly closing branches and pushing people online, the Metro Bank philosophy is quite daring – will customers trade lower interest rates for a better retail experience? So far they remain on their target business plan and over 25,000 retail and business accounts have been opened in their eight stores during the first 12 months and over 1,000 new accounts continue to be opened each week. To celebrate this success, they announced that all existing and new credit card customers will enjoy 0% interest for 12 months from their anniversary, however they choose to use the card. Whether it is used for purchases, cash withdrawals or balance transfers it is the same 0%. According to Craig Donaldson, their CEO, "We promised no stupid bank rules and this deal proves that one year after we first opened our doors, we are continuing to deliver on our promise."

Pay-As-You-Grow

Delivering on this promise of the quick opening procedure and the instant issuing of permanent bank cards requires a complex landscape of applications and strong relationships with their support partners. According to Aisling Kane, the Metro Bank COO, "We can only be successful with customer service led IT, not if we have an IT led customer service." Everything has been designed to make it easier for their employees to serve their customers.

Metro Bank operates principally on the Temenos banking system (www.temenos.com) and is integrated with a mixture of Oracle, SAP and IBM software. It was not easy to get this diverse landscape integrated to support their experience ambitions, but in the end they succeeded. Their systems are hosted in two data centres, one in London and one outside. The only equipment used by the staff are thin-client terminals, voice-over-IP handsets and Blackberries. Internal IT is responsible for security, local networks and they spend a lot of their time on vendor management as everything else has been outsourced.

In order to minimise upfront costs, Metro Bank entered into an innovative outsourcing agreement with niu Solutions (www.niu-solutions.com), which is a merger of four different IT and telecom providers and had little track record as a unified company. The agreement is based on the software-as-a-service model which allows them to only pay incremental costs per user as they continue to grow. The architecture and outsourcing arrangement have been designed to be scalable, so as they open more stores and support more customers they should not need to hire additional internal people.

Delivering an excellent experience is a strategic decision that needs to be made at the very top and implemented consistently throughout the entire organisation. This becomes more difficult when a company uses third-party suppliers to deliver portions of the customer's processes. If your company is serious about strategically managing the customer experience, then the service level agreements with third-parties should include specifically the experience they need to deliver to your customers.

Fanatical Support

Improving the customer experience for business-to-business (B2B) customers may be even more important than for consumers. A B2B customer typically represents a larger percentage of sales than in consumer markets, and there is more to lose if the experience isn't resulting in loyalty and retention. Although more complex, the opportunity to integrate systems and processes with business customers provides even more ways to connect the two organisations through a meaningful customer experience.

A B2B technology services company which is well known for their customer experience is Rackspace Hosting (www.rackspace.com). Rackspace serves over 152,000 customers around the world and promises them all 'Fanatical Support'. This focus on the customer experience shows in their daily activities, but it shines when they have a chance to recover when things go wrong. A few years ago, Rackspace lost power and thousands of customers were affected. In this case, 'Fanatical Support' meant more than just getting back online as quickly as possible. Every customer affected was called by an employee and received an apology, an explanation and a promise for a refund. Rackspace turned this potentially disastrous crisis into an opportunity and used it to strengthen their fan base. 'Customer Service' begins when something in the process fails and 'Customer Experience' is the opportunity to do something unique and special during the interaction.

Evolving Technologies

The term Customer Experience Management (CEM) has been around for over ten years and there are more and more consultancies specialising in this area. Technology companies are rushing to fill the gap as well, with the recent emergence of CEM software solutions. Most of these solutions are enhancements to existing solutions in other related domains, such as content management, commerce platforms, customer service and analytics solutions. An example is Medallia (www.medallia.com) which is an established leader in the hospitality sector and is expanding their solutions into B2B and enhancing their products into a CEM suite.

No technology on its own will manage or improve the experience you provide your customers. Brian Walker, a VP and Principle Analyst with Forrester Research, wisely writes, "...eBusiness leaders should proceed with a pragmatic view of the value of CXM solutions in the near future." Making the decision to excel in the area of customer experience is much more important than the software to support the effort.

Are You A Dog?

Metro Bank set out to create fans, not customers. They designed their business model, processes and systems to achieve this goal and hired the right people to make it happen. They even took this beyond the expectations of their customers by providing retail store locations for them to visit and even allowed dogs to come along. It's true that some dogs might bark in the store or poop on the marble floors, which is why other banks see dogs as an annoyance and cost centre. Do you ever feel like a dog?

Every company, and every CIO, is constantly struggling with improving service performance with ever constrained resources. Strategically designing the customer experience up front will allow you to remove some of your stupid rules and shift resources away from the things which really don't matter. The customers will value the experience more and you will be able to save costs, or even charge a premium if you are ahead of the market. Customer Experience Management can help the CIO get out of the cost centre dog house and back into the profit centre game.

The CIO's Customer Experience Survival Action List:
1. Educate yourself and your team on Customer Experience Management with the resources listed in the last chapter.
2. Assess your current customer experience performance by talking to some customers.
3. Hire or partner with a Customer Experience Consultant.
4. Enhance your customer experience strategy and customer journey designs.
5. Test the new experience with some customers to see what they think and feel.
6. Make friends with the Chief Customer Officer, or support the idea of hiring one.

You Are What You Charge For

Part 6: Succeeding in the Experience Economy

Whether it is from technology changes, competitive pressure or changes of customer expectations, every business is in constant danger of becoming a commodity. Realising that customers will pay more for experiences than goods and services must become a pillar of your strategy. The CIO is perfectly positioned to champion the transformation required for their companies to survive in the experience economy.

Your job as the CIO is also in constant danger of being commoditised. The days when you can simply charge for delivering a high quality service are over. There are too many other parties who can deliver these services cheaper and better than you can. An obvious alternative for your services are external parties, who are constantly improving their customer experience and reducing their costs. Fellow executives who used to be captive customers are now hiring their own technology specialists and are going to market without you. A more recent threat to your future are your users. Attracted by the amazing user experiences, they are now able to deliver their own information needs with solutions easily available from the cloud. A strategy based on the delivery of information services has no chance of survival against these market forces.

The dynamics which are pulling you towards the commodity trap are in affect in every industry. Another way to demonstrate this is to consider a cup of coffee. If you ran an internal coffee roasting and brewing department it is unlikely you would have survived the introduction of the office coffee machine. Even if you adopted a professional coffee machine, you would be under pressure from the secretaries who are following George Clooney's advice and are demanding a Nespresso! In order to develop a sustainable strategy you need to decide which type of economic value you have the ambition to deliver.

The lowest level of economic offering is a commodity. In this case, coffee beans sold in bulk. Additional value can be added to coffee by processing and packaging the beans into bags for resale, or even further by delivering a cup of coffee as a service. The amount paid by customers per coffee bean increases significantly as one moves from commodity to goods to services to experiences. The value proposition of Starbucks is much more than just a cup of coffee. The store design, the staff, the music and the other products for sale all contribute to make buying a Starbucks coffee a more enjoyable and memorable experience. Customers are willing to pay much more for that experience than they would for a cup from a machine or even a typical restaurant.

In every industry there are opportunities to move from delivering services to staging experiences. An unlikely industry to find an economic offering based on experiences is in the machine shop - an industrial building with heavy machinery where people manufacture tangible products.

Build Your Dreams Here

There is an amazing trend where regular people are making extraordinary things. Due to the constant and exponential reduction of the cost of technology, these regular people - who often call themselves Makers - are actually making physical products which would have been impossible not long ago. This is happening in garages, basement workshops and other hackerspaces around the world. Why not go to the moon? A group of friends have joined together to form Team Pheonicia and are building a lunar lander with the hopes of winning the Google Lunar X Prize (www.googlelunarxprize.org). They are building their dream moon vehicle at TechShop, a cooperative machine shop in Silicon Valley.

For about $100 a month, you get access to over a million dollars of some of the worlds highest quality machines, tools and software. Maybe even more important than the equipment is the vibrant community of Makers who are always buzzing around the place. The first TechShop (www.techshop.ws) opened in California in 2006 and covers almost 1400 square metres. Walking through the building is an experience in itself, as each of the individual work places have different purposes. A room for cutting and welding metal. Another room for injecting plastic. 3D printers. Laser and plasma cutters. Band saws. Sewing machines. They even have whole wall of little baskets of scrap material which Makers have left behind in the hopes that someone can use it to make their own dream become reality.

TechShop was the first membership based, do-it-yourself workshop and fabrication studio and is currently located in four cities in the United States. They have ambitions to expand further nationally and have mentioned the possibility of a television show. According to Mark Hatch, the CEO of TechShop, "We help people make the things they dream up, but don't have the tools, space or skills to accomplish on their own. And we make sure that every visit to TechShop is its own unique and engaging experience."

The experience is facilitated by TechShop employees, who are called Dream Coaches. The magic happens when passionate Makers are pursuing their dreams surrounded by an enthusiastic and supportive community of other Makers. Somewhere between 30-60 percent of the members have ambitions of selling whatever it is they are making.

Sometimes, the projects really become amazing successes on their own, for example the DODOcase, which is an iPad case that looks like a book. All the prototyping and early production runs were done at TechShop. Ninety days later they had a business that had sold over a million dollars worth of product. The journey started with the simple question to a Dream Coach, "What classes do I need to take to learn how to make an iPad case out of bamboo and book binding?" Who knew at that time that they would see President Obama on national television with his iPad which was covered in a DODOcase?

Some of the dreams which have become reality at TechShop may be of direct interest to CIO's. For example, Clustered Systems sells a liquid cooling system (www.clusteredsystems.com) for data centre's which can reduce the energy consumption for cooling by up to 50%. The founders of Clustered Systems spent a year building the initial prototypes in TechShop, and now the company is struggling to keep up with demand.

TechShop enables Makers to do what used to be impossible. By designing a membership-based business model, they have brought people in contact with the technologies they need to make their dream come true. All this for about $100 a month, and it comes gift wrapped in a magical experience. Mark Hatch, their CEO, summed it up nicely by saying, "for the cost of a Starbuck's addiction you can have access to all the tools of the industrial revolution."

Welcome to the Experience Economy

In the Experience Economy, companies develop their strategies to charge a premium for the experiences they are providing. Often, a company will give away the good or service because they know they can make a much larger margin on the experience. You are what you charge for. Are you still competing in the Service Economy?

The Experience Economy first entered the business lexicon in the late 90's when the book by the same name was published by Joseph Pine II and James Gilmore. They have published an updated edition of the Experience Economy this year. Many of the improvements to the thinking have been based on the impact of technology on the ability of companies to deliver meaningful and memorable experiences. The theory introduced in their book is represented in the Progression of Economic Value model. There is fierce pressure pulling towards commoditisation and a strategy of constant customisation is required to maintain a competitive experience-based offering.

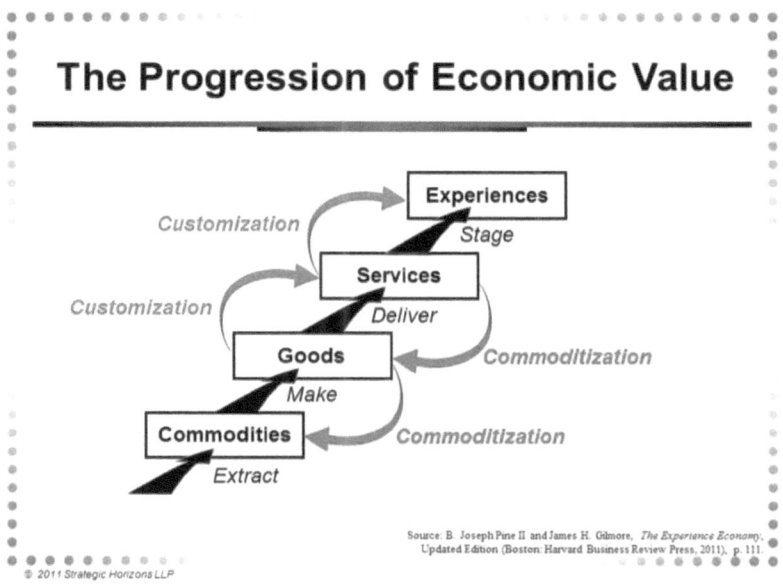

Source: B. Joseph Pine II and James H. Gilmore, *The Experience Economy*, Updated Edition (Boston: Harvard Business Review Press, 2011), p. 111.

© 2011 Strategic Horizons LLP

The Experience Economy is the foundation on which the entertainment business has been built. Customers are willing to pay for the feelings and memories they experience during and after the performance, as opposed to simply paying for the activity of receiving a service. Experiential Marketing brings entertainment to the customers of traditional businesses; however this is often a marketing strategy as opposed to a core vision of an organisation.

Customers increasingly refuse to accept mere services or be simply entertained by a company's latest marketing campaign. Customers today know there are options. They are looking for more meaningful experiences and they now have the means through social media to find suppliers who are willing to offer it to them. This is why a CIO must understand the Experience Economy if he or she wants to survive. The Service Economy was based on access to information, and most CIO strategies are designed to meet that need. The Experience Economy is based on knowledge. The successful CIO strategies in the future will be designed to ensure people have access to relevant knowledge whenever and wherever they need it. Without this knowledge being immediately available, a company will not be able to consistently deliver their unique and meaningful experiences.

Dreaming of White Socks

If TechShop has made a unique experience for the do-it-yourself community, then a company of computer nerds called Geek Squad (www.geeksquad.com) has designed an experience for the other half of the world. To meet the needs of technology users who don't want to do-it-yourself, Geek Squad has wrapped their experience up in the clothes of a police officer. The motto of their 20,000 Special Agents, Double Agents and (inside stores) Counter Intelligence Agents is: 'Serving the Public, Policing Technology and Protecting the World.'

Chief Inspector Robert Stephens founded Geek Squad with $200 and a bicycle in Minneapolis in 1994. Today, Geek Squad is the leading local technology support service in the United States. They provide consumers nationwide with a task force to help them manage their growing dependence on technology. Geek Squad has since expanded internationally and opened a Precinct in the Netherlands earlier this year.

The basic service that Geek Squad provides is a commodity. If they simply provided technology support as the basis of their value proposition, they would be no different than any other computer repair store. The magic of their value proposition is in the show they put on while delivering the service. Customers pay for the experience of having the Geek Squad come to their rescue,

not the simple fact that their computer is repaired. Geek Squad Agents have a strict dress code - wearing black suits with thin black ties. They drive small cars which have been decorated to resemble police cars. When they arrive on the scene, they even have fun by acting the part as well, for example asking the customer to "step aside ma'am, Geek Squad here to save the day!"

The primary purpose of the Geek Squad is to provide an entertaining experience while fixing the computer problem. They have not set out to solve the computer problem in an entertaining way. Although subtle, the difference is mindset crucial. This experience oriented mindset comes through in everything they do, in particular in their recruiting policy. Their website explicitly states "This uniform doesn't fit everyone." People who apply to become Geek Squad Agents must really want to be part of that culture, as part of the uniform is also the special socks: "White athletic crew socks: our socks are always on show, so we keep them completely spotless and bright white."

What Do You Charge For?

You should not wait too long before refining your strategy to exploit the Experience Economy. Competition is actively working to fill this role for your company if you don't. Forrester Research recently recommended companies to consider creating a Marketing Technology Office, which is described as, "A centre of excellence that leads technology strategy, develops marketing technologies, and evangelizes innovative uses throughout the marketing department." There is a growing population of Makers among your users and they aren't waiting for you to deliver more services.

Your technology organisation can't simply dress up like policemen and walk around with badges attached to their belts to engage successfully in the Experience Economy. A fundamental change in mindset is required. How would the Makers and the Marketing Department in your company respond if you provided them with Dream Coaches to facilitate their experience? They are now able to provide their own information services. What they need now is access to knowledge which allows them to stage their own experiences for your external customers. How would your organisation look if you were delivering such a knowledge experience instead the current information services? How would you behave differently if you charged admission to this experience?

Customers are willing to pay more for a memorable experience. Technologies to provide unique experiences are becoming more affordable every day. Competition from every direction is looking to exploit this opportunity. The Experience Economy is here. It is happening right now. The question now is what part will you play? Now is the time to go find your special cup of coffee. Your moon lander. Your white socks. Discover whatever it is that will provide you a unique and meaningful experience. Go build your dream.

The CIO's Experience Economy Survival Action List:
1. Discover and participate in inspirational experiences with your team.
2. Assess your current services on how meaningful and memorable they are.
3. Adjust your mindset accordingly.
4. Test your environment to see how they respond when you start staging experiences.
5. Partner with suppliers who can provide information services better than you can.
6. Make friends with the CEO and make sure this important customer is willing to pay a premium for the experience you are providing!

Happy Customers Have More Fun

Aflevering 1: Designing Great User Experiences

Vroeger werden je systemen alleen gebruikt door je eigen mensen. Tegenwoordig vooral door je klanten. Voor die klanten is jouw bedrijf niet veel meer dan een website of een app op hun smartphone. Een CIO die goede systemen maakt voor de klant, wint aan belang in de boardroom.

Systemen die niet gemakkelijk en leuk zijn, jagen de klant weg. De gebruikerservaring bepaalt hoe de klant jouw bedrijf ziet. Die gebruikerservaring of User Experience (UX) gaat over hoe iemand zich voelt wanneer hij of zij iets gebruikt, en is sterk afhankelijk van perceptie en gebruiksgemak. De klassieke ICT richt zich meer op de efficiëntie van de gebruikersinterface. De mensen die met het systeem moeten werken, willen het vooral zo simpel mogelijk houden. Een beetje humor is ook nooit weg. Een briljant stukje software, denk je? Schitterend ontworpen? Met perfecte ondersteuning? Wacht maar tot je de gebruikers hoort mopperen wanneer de UX blijkt tegen te vallen. Denk aan de online-supportgroep *I Hate Lotus Notes* (www.ihatelotusnotes.com): "*This website is dedicated to my fellow sufferers who day in day out are forced to use Lotus Notes, causing them to struggle with email communications, squirm at the thought of planning another day and generally fighting for their will to live.*" Heeft je systeem een waardeloze interface? Dan is er voor je gebruikers weinig lol aan en is je hele systeem weggegooid geld. Zoiets mag je gewoon niet aan het toeval overlaten. De CIO moet sterk in zijn schoenen staan en de klant een positieve en memorabele gebruikerservaring bezorgen.

Een systeem met een betere UX biedt vele voordelen. Niet in de laatste plaats de veel betere acceptatie door de gebruikers, zowel van aangekochte als van speciaal ontwikkelde systemen. Wil je een doeltreffend UX-design, dan mag je dit aspect absoluut niet vergeten. Je moet tests organiseren met echte mensen, met de mensen die het systeem zullen gebruiken. En dit doe je nog voordat de verdere eisen definitief zijn vastgelegd en zeker voordat het ontwikkelen van de code van start gaat. Ook bij systemen die zo worden aangekocht, moet je op voorhand usability tests houden. Pas daarna begin je na te denken over de shortlist en alle andere criteria.

Een betere UX kan ook inkomsten genereren. In de UX-gemeenschap kent iedereen het verhaal van de knop van 300 miljoen dollar: een Amerikaanse *brick-and-mortar* retailer veranderde één knop op de website en het aantal klanten dat ook echt iets kocht ging met 45% omhoog. Deze toename resulteerde de eerste maand na de aanpassing in 15 miljoen dollar extra omzet en 300 miljoen dollar over het hele jaar. En wat hield die gouden verandering dan wel in? Gewoon het schrappen van de verplichting dat alle klanten zich moesten registreren voordat ze iets kochten. Daardoor kreeg je een eenvoudiger *checkout path* en dus een eenvoudiger aankoopproces voor de gelegenheidsklant. Registratie was alleen nog nodig voor klanten die zelf kozen voor een langdurige relatie met het bedrijf.

Het UX-design van een systeem is te belangrijk om over te laten aan de marketingafdeling of om even door je ontwikkelaars te laten toetsen aan de *brand guidelines* net voordat de software wordt uitgebracht. Alle aspecten rond ontwerp en ontwikkeling – van oudsher aparte domeinen voor de marketing- en ICT-afdeling – zijn nu te sterk met elkaar verweven om nog apart te bekijken. Je bedrijf moet een strategische beslissing nemen over UX, gebaseerd op de emotionele reactie die je bij de klant wilt opwekken. Wat is belangrijker, efficiëntie of intuïtiviteit?

Making Pizza Fun Again

De wereldmarkt voor retail-pizza is zeer competitief en niet erg gedifferentieerd. Net als IT-oplossingen is de pizzamarkt consumerised (gebruikers kunnen zelf een pizza maken of een diepvriespizza kopen) en commercialized (gebruikers kunnen een pizza laten bezorgen of naar een van de vele restaurants gaan). Klanten kunnen een pizza bestellen via de telefoon, soms ook via een website. Dit proces kun je efficiënter maken door te weten wat de voorkeuren van de klant zijn of door de bestelopties te vereenvoudigen, om maar een paar voorbeelden te noemen. Maar daardoor wordt het nog niet leuker voor de klant. Op de Amerikaanse markt heeft pizzagigant Domino's het e-commerce-

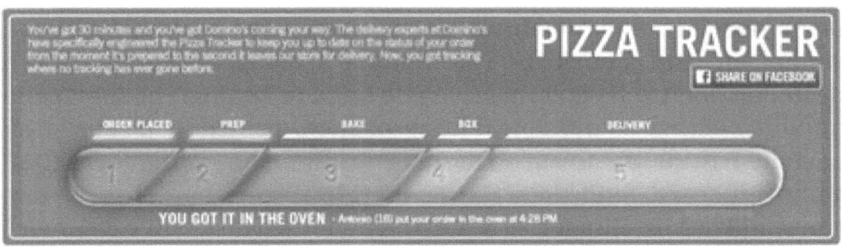

verhaal een compleet nieuwe touch gegeven met de introductie van de Pizza Tracker online en op de iPhone.

De klant die online of telefonisch een pizza bestelt, weet dankzij de *Pizza Tracker* precies hoever zijn of haar bestelling is gevorderd. Totale controle over de pizza experience dus. Naast informatie over de bestelde pizza zijn er links naar Facebook met leuke aanbiedingen voor de vaste klant, games die je kunt spelen terwijl je op je pizza zit te wachten en mogelijkheden om feedback te geven. En onlangs heeft Domino's speciale skins geïntroduceerd waarmee de klant de look en feel van de *Pizza Tracker* kan aanpassen. De *Pizza Tracker* bestaat sinds 2008 en is enorm populair. In 2010 verkocht Domino's voor meer dan 1 miljard dollar online. Het bedrijf staat in de Verenigde Staten nu op de derde plaats (na Amazon en iTunes) wat het volume online-transacties betreft.

Het systeem werkt met informatie uit historische gegevens, gecombineerd met de voorkeuren die de gebruiker zelf heeft aangegeven, de afstand tussen de klant en de vestiging, en informatie over wie er op dat moment aan het werk is in de specifieke vestiging. Aan de hand van deze statistieken kan Domino's met voldoende nauwkeurigheid aangeven in welk stadium een bestelling zich bevindt. Op basis daarvan is de *Pizza Tracker* ontwikkeld, die in wezen alleen maar simuleert hoe het eigenlijke bestelproces verloopt en de klant tegelijk het nodige entertainment verschaft. Domino's houdt niet echt bij waar elke afzonderlijke pizza zich precies bevindt tussen bestelling en bezorging. Ze gebruiken gewoon de informatie die ze al hadden om de klant een lekker, hapklaar verhaal voor te schotelen. Dit was echter alleen mogelijk doordat *Operations* alle processen goed onder controle had en doordat er nauwe samenwerking bestond tussen Marketing en ICT. Zo kon ervoor worden gezorgd dat de presentatie- en infrastructuurlaag perfect op elkaar aansloten.

In de Verenigde Staten en andere landen heeft Domino's een app uitgebracht voor de iPhone: iPizza. Die app heeft min of meer dezelfde functionaliteit als de bestelsite en werkt gewoon simpel en leuk. Een klant van Domino's die even een pizza wil bestellen hoeft zelfs niet meer van de bank te komen. Hij hoeft geen minuut voetbal te missen: iPhone pakken, postcode invoeren en bestellen maar. In Groot-Brittannië is iPizza in september 2010 geïntroduceerd. Sindsdien zijn er met de iPhone-app al meer dan een miljoen bestellingen geplaatst. Online wordt er nu 63% meer verkocht, mede dankzij de verbeterde website en de gratis pizza die elke week wordt weggegeven aan de *foursquare mayors* van hun vestigingen.

Business Can Be Fun Too

Een verbetering van de UX in de business-to-business (B2B) is soms een nog grotere – en zeker belangrijkere – uitdaging dan in de business-to-consumer (B2C). In de B2B ligt het transactievolume vaak lager dan in de B2C, waardoor de investering moeilijker te rechtvaardigen is. Zakelijke klanten die vastzitten aan een langlopend contract, zijn wel verplicht om je systemen te gebruiken, leuk of niet. Maar een goede UX kan voor de klant zo'n aangename ervaring zijn dat hij zich maar al te graag laat binden. En dat is iets heel anders dan iCuffs die de klant in gijzeling houden. Individuele zakelijke klanten leveren hogere inkomsten op. Daardoor is het voor een bedrijf belangrijk dat die zakelijke klanten trouw blijven. Een slechte UX is slecht voor de relatie, ook al duurt het langer voordat dit zichtbaar wordt in het financieel resultaat.

Je zakelijke klanten die overdag iets bij je kopen, zijn in hun vrije tijd gewoon consument. Ze verwachten dan dezelfde ervaring als bij hun favoriete sociale netwerk of iPhone-app.

In de B2B zijn de pre-sales- en deliveryprocessen vaak lang en complex, waardoor ze met een online-simulator, zoals die van Domino's, niet goed te volgen zijn. De UX kan wel worden verbeterd met technieken als *breadcrumbs*. Die leiden de gebruiker dan door een proces, maken informatie ook voor niet-geregistreerde gebruikers toegankelijk en zorgen ervoor dat de klant beschikt over volledige en nauwkeurige productbeschrijvingen en transparante prijzen. Ook de post-saleservaring van B2B-klanten heeft baat bij oplossingen voor e-commerce met een betere UX, zeker voor gemakkelijke en leuke dingen, zoals het bestellen van onderdelen of verbruiksartikelen, het aanbieden van handleidingen en documentatie, en het presenteren van (zakelijke) informatie die de gebruiker concreet interesseert.

Tools Make It More Fun

Vraag aan een UX-expert wat de belangrijkste tools zijn voor een goed UX-design, en je krijgt meteen antwoord: 'potlood en papier, en een goed stel hersens natuurlijk!' Al het denkwerk dat achter het design zit, dat is de belangrijkste succesfactor voor een goede gebruikerservaring. UX-experts hebben de tools om hun design in een flowchart te gieten (door hen *wireframes* genoemd). Laat het maken van het product maar over aan de experts. Voor de CIO zijn er verschillende tools en diensten beschikbaar die ervoor kunnen zorgen dat al dat werk dat in de UX gaat zitten ook het gewenste resultaat oplevert.

Als je maar moeilijk bewustwording kunt creëren rond de UX en het verbeteren ervan, en maar moeilijk de benodigde centen bij elkaar krijgt, houd dan *usability tests* met mensen die het systeem zullen gebruiken. Neem hun gezichtsuitdrukking op en registreer wat ze op het scherm doen. Dan weet je meteen of je nog aan de UX moet sleutelen. Toepassingen voor het vastleggen van de schermactiviteit en het gezicht van de gebruikers tijdens tests zijn Silverback en Morae (www.techsmith.com).

Een uitdaging bij elk ontwikkelproject, en zeker bij projecten rond de UX, is het vinden van gebruikers voor de tests. Je wilt immers heldere feedback over je veranderingen en de impact ervan op de usability. User Testing (www.usertesting.com) is een dienst die een groep anonieme testers kan samenstellen voor jouw tests. Zo beschik je binnen de kortste keren over feedback. De Usabilityhub (www.usabilityhub.com) is een verzameling online-oplossingen om usability-analyses van je ontwikkelingen te valideren en te reviewen. Ook handig om te weten te komen of je gebruikers al dan niet te spreken zijn over je bestaande systemen.

Let's Have Some Fun

Een CIO-strategie die vooral kijkt naar efficiëntie is in de boardroom tegenwoordig een stuk minder in zwang dan een strategie op basis van customer experience. Je moet manieren vinden om je collega-executives duidelijk te maken hoe belangrijk UX is voor je concurrentievoordeel, klantenservice enzovoort. Daarvoor moet je laten zien hoe iemand van buitenaf tegen je bedrijf aankijkt. Veel van je collega's houden het liever bij *inside-out*. Je hebt mensen nodig die fanatiek nadenken over hoe de klant het bedrijf ziet. Vervolgens moeten deze mensen binnen de organisatie de juiste positie krijgen om zo veel mogelijk invloed te kunnen uitoefenen. Ze moeten rechtstreeks kunnen samenwerken met de afdelingen Marketing en Customer Service.

UX-design zal als *key competency* aan belang blijven winnen, voor elk bedrijf, en is meer dan een *brand manual* van Marketing of het voldoen aan de norm ISO 9241 inzake de ergonomie van de mens-systeeminteractie. Je UX moet je merkpositie representeren en door en door verweven zijn met het hele traject dat de klant bij jou aflegt.

De weg die je zelf aflegt om de UX van je systemen en websites te verbeteren, zal niet zonder slag of stoot verlopen. Content en technologie veranderen voortdurend en dat vraagt om continue ontwikkeling en tests. Soms gaat er iets faliekant verkeerd, en niet alleen door een bug hier of daar. De Pizza Tracker van Domino's bijvoorbeeld houdt geen rekening met bestellingen zonder pizza. Bestel je alleen iets te drinken, dan gaat dat ook de oven in!

UX-actielijst voor de CIO:

1. Breng jezelf en je team helemaal *up-to-date* over UX met de onderstaande bronnen.
2. Laat je huidige systemen beoordelen op UX door mensen die ermee werken en door externe adviseurs.
3. Verbeter je softwareontwikkeling door UX-design in te bouwen nog vóór de ontwikkelfase.
4. Test vroeg in het ontwikkelproces op usability én gebruiksplezier.
5. Trek een *User Experience Architect* aan om dit alles mogelijk te maken.
6. Word vriendjes met de Chief Marketing Officer (CMO), want daar winnen jullie allebei bij.

Hire the Smile, then Train the Skill

Aflevering 2: Delivering Excellent Customer Service

De moderne klant wil het allemaal. Service, informatie, en wel meteen, real-time. Op hun favoriete *device* natuurlijk. En op een moment dat hem of haar het beste uitkomt. Kun je daar niet aan voldoen, dan koopt die klant wel ergens anders. Klanten aan je binden via social media is nu een boardroom-topic waaraan de CIO rechtstreeks kan bijdragen.

Voor een goede *customer service* is meer nodig dan een bureau ergens achter in de winkel, waar de klant te horen krijgt wat jouw organisatie allemaal niet voor hem wil doen. Bedrijven zeggen vaak dat ze de klant hoog in het vaandel dragen. Totdat er iets verkeerd gaat. Dan is het de klant die nergens een luisterend oor vindt en met de gebakken peren blijft zitten. Of je nu consumentenelektronica koopt of complexe bedrijfssoftware, er kan altijd iets verkeerd gaan. Wanneer verleen je de klant goede service? Wanneer je medewerkers voor de klant klaarstaan om problemen op te lossen. Er zat even een kink in de kabel, maar alles is goed opgelost en de klant blijft tevreden. De klantervaring valt of staat met de klantgerichtheid van je medewerkers. Lopen klanten teleurgesteld en kwaad weg of zijn ze tevreden en daardoor nog loyaler aan je bedrijf dan daarvoor?

Sociale netwerken hebben *customer service* ingrijpend veranderd. Een boze klant die vroeger een klacht had over jouw bedrijf, vertelde dit hooguit tegen een handvol vrienden en kennissen. Tegenwoordig staan deze boze klanten met hun mobiel in de aanslag om jouw volgende misstap te filmen en op YouTube te zetten, ter meerdere eer en glorie van zichzelf. Een Canadese countryzanger nam zijn toevlucht tot social media om de aandacht te krijgen van een luchtvaartmaatschappij die zijn gitaar had beschadigd. De video United Breaks Guitars op YouTube is al meer dan tien miljoen keer bekeken. De luchtvaartmaatschappij stond met de billen bloot, de carrière van de zanger nam een hoge vlucht. Het is jouw taak om ervoor te zorgen dat deze gepassioneerde klanten hun talenten en technologieën inzetten voor – en niet tegen – jou.

Voor de CIO is er een belangrijke rol weggelegd in de arena van digitale *customer service*. Wij weten immers precies hoe je de productiviteit kunt verhogen door creatief gebruik te maken van processen, data en technologie. En dat is precies waar het bij social media om draait. Eerst moet je de juiste mensen aantrekken, mensen die echt met de klant begaan zijn. Het is hun taak de klant van dienst te zijn. En dat is heel wat anders dan klakkeloos een stap uit een werkprocedure uitvoeren. Vervolgens geef je die mensen een training in de soft en hard skills en de tools die ze voor hun werk nodig hebben. *Hire the smile, and then train the skill.*

Een bekend probleem is dat er in eerste instantie zelden tijd is voor service. Gek genoeg is er na een klacht van een klant ineens wel tijd om het werk over te doen. Sommige bedrijven gaan op een wat vreemde manier met dit dilemma om: ze digitaliseren of automatiseren de aanvankelijke service-interactie. Daarna zetten ze al hun menskracht op het oplossen van problemen die van deze aanpak het gevolg zijn. Automatiseer of digitaliseer in de virtuele wereld alleen wat je in de echte wereld goed onder de knie hebt en geef je klanten genoeg gelegenheid om in contact te treden met echte mensen. Een klant met een probleem heeft geen zin in een voice response systeem met allemaal menu's of nog erger, dat het telefoonnummer van je organisatie helemaal nergens te vinden is.

GiffGaff (www.giffgaff.com/index/payback) heeft dit interactiedilemma creatief aangepakt. Hun volledige businessmodel is volledig gebaseerd op de kracht van klanten die zichzelf en andere klanten ondersteunen. Klanten die een nieuwe klant aanbrengen of die vragen beantwoorden op het online-forum, worden hiervoor beloond met punten ter waarde van één penny. GiffGaff-klanten die een beloning krijgen voor hun deelname aan het serviceproces, zullen niet erg geneigd zijn een crisis te veroorzaken via social media.

Niet alleen boze klanten kunnen een crisis in de social media veroorzaken. Zo zette het keukenpersoneel van Domino's Pizza een filmpje op YouTube van de gore dingen die ze deden met de pizza's die ze moesten bakken. De tweets van Kenneth Cole over het recente oproer in Egypte, dat zogezegd het gevolg was van zijn nieuwe voorjaarscollectie, lieten zien dat bedrijven ook prima in staat zijn om zichzelf in de nesten te werken. Leg duidelijk vast hoe je met een crisis in de social media omgaat. Doe dit voordat het te laat is. Nu investeren in de online-relatie met de klant en in de communities is de beste verdediging. Je klanten zullen je een misstap gemakkelijker vergeven en sommige klanten zullen het zelfs voor je opnemen wanneer anderen beginnen te klagen.

Transavia.com is Smiling

Maar het kan ook anders. Transavia.com, de luchtvaartmaatschappij die zichzelf omschrijft als *low cost, low fare* met aandacht, heeft de positieve gevolgen ervaren van klanten die het voor een bedrijf opnemen op een sociaal netwerk. Eind vorig jaar zorgden barre weersomstandigheden voor vertraging en begonnen boze reizigers te klagen op de Hyves-site van Transavia.com. Andere klanten namen het toen voor Transavia.com op.

Ruim twee jaar geleden ging Transavia.com van start met social media. Martijn Schmidt, beginnend Online Marketeer, was diegene die de *branded communities* daadwerkelijk startte op Hyves, Facebook en Twitter. Hij zorgde er voor dat het bedrijf op die sociale netwerken aanwezig was. Op dat moment hadden al ongeveer 40.000 Hyves-gebruikers zichzelf getagd als fan van het merk Transavia.com. Er was dus duidelijk sprake van betrokkenheid bij het merk en interesse in een dialoog.

Deze social media communities zijn nu uitgegroeid tot een belangrijk kanaal om de klant te informeren en om zelf waardevolle informatie op te doen voor marketingdoeleinden door bijvoorbeeld polls uit te zetten. Bovenal wil Transavia.com interactie met de klant over het merk realiseren. Zo worden allerlei vragen beantwoord. Scholieren die een werkstuk maken voor school kunnen hier terecht met vragen over verschillende vliegtuigen, maar ook klanten met klachten vinden hier hun weg. Het actief participeren binnen social media heeft Transavia.com nog meer een eigen gezicht gegeven.

Transavia.com leidt klanten met klachten niet actief richting social media. Ze wil voorkomen dat de branded communities bovenal een podium voor klachten worden. Niet voor niets is er op hun website software van RightNow ingericht om een groot deel van de vragen te kunnen beantwoorden. Daarnaast is er een optie waarbij klanten via een smart webform informatie invullen waardoor vragen en klachten zo accuraat en snel mogelijk kunnen worden behandeld. Bovenstaande dilemma dient met het juiste evenwicht gemanaged te worden. De klant laat zich niet makkelijk sturen en kiest vaak het eerste de beste voorhanden zijnde medium. Anderzijds leent social media zich weer minder voor het geven van uitgebreide, meer complexe informatie.

De communicatiestrategie van Transavia.com is een mix van persoonlijke stijl en van Transavia.com als formeel merk. Martijn en zijn collega's van het kleine social media team kunnen de meeste vragen meteen beantwoorden aan de hand van de bedrijfsinformatie waarover zij beschiken en een flinke dosis gezond verstand. Informatie die offline niet zomaar wordt gedeeld, wordt dat online ook niet. Klachten worden afgestemd of doorgespeeld naar de afdeling Customer Services. Deze medewerkers zijn ook getraind om met social media om te gaan.

Met iets meer dan 4000 volgers op zowel Hyves als Twitter en bijna 8000 op Facebook is dit meer dan genoeg interactie voor een klein team zonder ondersteunende tools. Ook de aard van de markt waarop Transavia.com actief is, is belangrijk. Het bedrijf richt zich op de markt van vakanties en city trips. Traditionele luchtvaartmaatschappijen met een grotere markt hebben veel meer volgers op Facebook. KLM heeft er meer dan 100.000 en het Amerikaanse Southwest Airlines meer dan 1,3 miljoen. Vliegen is een emotionele aangelegenheid. De investering van Transavia.com in social media zal zeker leiden tot een trouwere schare aanhangers.

Sinds 1996 kent Transavia.com een E-commerce afdeling die later samengevoegd werd met Marketing. Vanuit deze afdeling werd de interactie met de klant in het digitale domein gemanaged. Dit was nog voordat de kracht van social media goed en wel duidelijk was. Rob Melchiot, die bij Transavia.com als Executive Vice President verantwoordelijk is voor Finance en ICT, heeft verklaard dat hun traditionele IT afdeling fungeerde als ondersteunende functie voor de ontwikkeling van het digitale domein. Toen ze onlangs op zoek gingen naar een CIO die aan het hoofd van deze ondersteunde functie moest komen, was communicatie dan ook een van de key competencies. De IT'er die ze zochten moest goed kunnen communiceren met Marketing & E-commerce.

Het management van Transavia.com kijkt hoe de hele luchtvaartsector met social media omgaat en hoe de klant reageert op hun eigen verrichtingen op dat gebied. Rob: "Onze sector is mondiaal georiënteerd, met kleine marges. Aanpassen of sterven is de boodschap." Processen tussen afdelingen moeten op de schop, want bij communicatie via sociale netwerken is er geen ruimte voor fouten. Het moet in één keer goed en het moet snel. Het gebruik van social media om de klant te bedienen is deel van het succes van Transavia.com en hun *social strategy* staat dan ook officieel op de agenda van de board.

Don't Make Me RTFM

Een goede service voor de zakelijke klant (B2B) steunt op dezelfde filosofie als de service voor de retail-consument (B2C). Begin met mensen die echt iets willen doen aan de problemen van de klant en geef die vervolgens de training en tools om daarin te slagen. *Hire the smile, then train the skill.* Een goed contact met B2B-klanten kan je bedrijf nog meer opleveren. Van deze klanten heb je waarschijnlijk nu al de nodige gegevens, wat het bijhouden van de loyaliteit een stuk gemakkelijker maakt. NetApp (communities.netapp.com) en HSBC (www.hsbc.co.uk) hebben allebei een succesvolle community waar klanten met elkaar in contact staan en waar ze rechtstreekse ondersteuning krijgen van de eigen mensen van het bedrijf. Of je nu een openbare *branded community* hebt op een sociaal netwerk of een exclusieve, besloten gemeenschap voor alleen je eigen klanten, de informatie die je op die manier opdoet – zowel positief als negatief – kan een ware goudmijn zijn.

De bedrijven met de beste service weten dat wanneer ze minder naar het geld en meer naar de klant kijken, het geld vanzelf wel zal volgen. Bij problemen, wanneer de klant toch al heeft betaald, wordt deze paradox vaak vergeten. Gewoon RTFM (*Read The F-ing Manual*) tegen de klant zeggen op een sociaal netwerk is voor die klant net zo frustrerend als dat te horen moeten krijgen via de telefoon of recht in zijn gezicht.

In de customer service weet iedereen dat klanten rustig tien procent meer uitgeven aan hetzelfde product dat een betere service kent. Als harde cijfers intern niet de nodige focus opleveren om de service te verbeteren, wees dan eens creatief en trek de aandacht van je commerciële collega's. Je hoeft toch niet te wachten tot iemand klant is geworden om met die persoon in contact te treden? Je weet waarschijnlijk precies welke B2B-klanten bij de concurrent zitten. Kijk waar die klanten actief zijn en grijp de eerste de beste gelegenheid aan om hun probleem op te lossen nog voordat je concurrent zelfs maar weet dat er überhaupt een probleem is.

Tools To Make You Smile

Als je organisatie de voordelen en risico's van de social media in jouw branche nog niet helemaal doorheeft, dan zijn er *tools* als Social Mention (www.socialmention.com) en How Sociable (www.howsociable.com) voor een snelle scan van jouw bedrijf, klanten en concurrenten. Deze *tools* geven je een idee van wat er allemaal gaande is binnen de verschillende social media. Aan de hand van een score kun je de activiteiten van de verschillende organisaties met elkaar vergelijken. Als je jouw bedrijf continu wilt laten tracken, configureer dan een Google Alert (www.google.com/alerts). Daarmee kun je je al het nieuws of andere informatie op internet laten toesturen. Gewapend met deze informatie kun je je collega-executives benaderen en steun vragen voor jouw *customer service strategy* voor de social media.

Waar je voorkeur ook naar uitgaat, een *open community* als Transavia.com of een exclusieve community alleen voor jouw klanten, er zijn verschillende oplossingen om snel aan de slag te kunnen. Als je geen openbare sociale netwerken als Hyves wilt gebruiken, dan is Yammer (www.yammer.com) een gratis online-oplossing met basisfunctionaliteit voor je interne organisatie. Ben je klaar voor het zwaardere werk, met functionaliteit voor communities, samenwerking en monitoring in een geïntegreerd pakket, kijk dan naar oplossingen als Jive Software (www.jivesoftware.com) en RightNow (www.rightnow.com).

Smiling As a Strategy

Het is jammer dat de CIO maar weinig in direct contact met de klant komt. Er is dus nauwe samenwerking met Customer Service of Client Relations nodig. Een CIO-strategie die vooral kijkt naar efficiëntie krijgt in de boardroom nu minder aandacht dan een strategie die de winstgevendheid en loyaliteit van de klant verhoogt. Soms, zoals in het bovenstaande voorbeeld van Transavia.com, kan de klassieke IT maar beter even een stapje opzij doen. Maar of de IT nu rechtstreeks betrokken is of niet, een goede *customer service* via social media is een competentie die geen enkel bedrijf meer mag ontberen. In de toekomst wordt dit echt een *survival skill*, want de klant krijgt steeds meer mogelijkheden om je merk te beschadigen. En soms ligt de oplossing gewoon bij de millenial, die op eigen initiatief iets opstart.

Of hoeft jouw organisatie zich helemaal niet druk te maken over het communiceren met de klant via social media? Misschien blijkt bij een scan van de sociale netwerken wel dat niemand iets over jou te melden heeft. Misschien kom je er bij een onderzoek naar de online-activiteiten van je klanten wel achter dat helemaal niemand met jouw bedrijf bezig is. Misschien zijn jouw merk en service wel zo doorsnee dat je klant er niet warm of koud van wordt. In dat geval is de kans erg klein dat er vandaag of morgen rond jouw bedrijf een crisis in de social media zal ontstaan. Een andere kans die in dit geval erg klein is, is dat jij die vriendelijke persoon zal binnenhalen die gepassioneerd genoeg is om buiten de lijntjes te kleuren en de klant nog beter wil bedienen. Maar hoe komt jouw bedrijf dan ooit aan die *smile*?

Customer Service-actielijst voor de CIO:
1. Breng jezelf en je team de basisprincipes van customer service bij.
2. Evalueer je huidige activiteiten in de social media en kijk waar je klanten online zijn.
3. Stem je werving en selectie af op het vinden van de *smile* en het trainen van de *skill*.
4. Probeer een paar initiatieven rond social media uit om zo je service te verbeteren.
5. Laat je service evalueren door een *mystery shopper*.
6. Word vriendjes met het opperhoofd van de *customer service*, want je kunt dit echt niet allemaal alleen.

B Ready For Relationships

Aflevering 3: Maintaining Excellent Customer Relationships

Aan een relatie moet je werken. Maar tegenwoordig rent iedereen zichzelf voorbij. Investeren in relaties, daar is geen tijd voor. Je krijgt echter alleen een sterke emotionele band wanneer je ervaringen met elkaar deelt. De CIO kan iets betekenen in de boardroom door ervoor te zorgen dat medewerkers een zinvolle relatie met de klant kunnen aangaan.

Heb je je vrienden wel eens verteld dat je jullie vriendschap ging managen met een systeem? Vast niet. Terwijl je waarschijnlijk best een paar systemen hebt draaien die precies dát doen. Tegenwoordig houdt iedereen zijn contacten bij op computer, mobieltje of internet, want zo vergeet je geen enkele verjaardag of andere speciale gelegenheid meer. Je vriendschap vaart er wel bij. Bij organisaties ligt dat anders. Zij verliezen vaak uit het oog waarom ze überhaupt een Customer Relationship Management-oplossing gebruiken. Het contact met de klant is vaak gewoon een takenlijstje dat moet worden afgelopen of een klacht die moet worden opgelost. Een systeem maakt het dan mogelijk om informatie vast te leggen en te analyseren. Maar zou het eigenlijke doel niet de relatie met de klant moeten zijn?

Wat is een persoonlijke relatie eigenlijk? Een relatie kan verschillende vormen aannemen: een serie transacties, een opgelegde (familie)band, een intieme seksuele relatie of een emotionele betrokkenheid. Organisaties kijken vooral naar transacties. Meestal willen ze de klant vasthouden in een relatie waaruit ze niet zomaar kunnen ontsnappen en vaak gebruiken ze in hun reclame-uitingen seks om de relatie te bevestigen. Emotionele betrokkenheid – tussen je medewerkers en je klanten – is een soort relatie met een veel grotere uitdaging én een grotere beloning. Mensen komen tot dergelijke banden wanneer er maar vaak genoeg interactie is en wanneer ze naar een gemeenschappelijk doel toe werken, zoals het delen van ervaringen of het oplossen van problemen.

Wanneer je met iemand een emotionele band hebt, kun je die persoon in moeilijke tijden om hulp vragen. Toen de economische crisis op een dieptepunt zat, liet de Californische hotelketen Joie de Vivre (www.jdvhotels.com) in een brief aan zijn klanten weten dat de hotels in zwaar weer zaten. De klanten kregen de vraag of ze hun positieve ervaringen met de hotels wilden delen met vrienden en kennissen. En als die vrienden en kennissen toevallig een hotel nodig hadden, of ze dan alsjeblieft voor Joie de Vivre wilden kiezen. Maar voordat je je klanten om hulp vraagt, moet je wel zeker weten dat je verzoek niet in verkeerde aarde zal vallen. En dat weet je pas zeker wanneer je een goede relatie met je klanten hebt.

Een brief à la Joie de Vivre kan ook helemaal verkeerd uitpakken. Stel dat je klanten anders nooit iets van jouw organisatie te horen krijgen of dat ze geen enkele emotionele band voelen met jouw merk en jouw mensen. Stel dat je klanten meteen zien dat je brief gewoon is uitgespuugd door het CRM-systeem (en geen persoonlijk schrijven van de grote baas zelf), dan heb je de poppen meteen aan het dansen. Hoewel Joie de Vivre voor trouwe klanten een speciale club heeft, de Joy of Life Club, was dat allerminst de reden dat klanten het bedrijf zo graag wilden helpen. Wel dat de mensen die in de hotels werken, echt om hun gasten geven. Klanten stellen zoiets op prijs.

Voor de CIO is er een belangrijke rol weggelegd in customer relationship. Alle systemen, processen en gegevens moeten aanwezig zijn om mensen tijd te laten overhouden; tijd die ze vervolgens kunnen investeren in relaties. Als het altijd alleen maar gaat over systemen die alweer platliggen, over netwerkstoringen of over facturen die niet kloppen, dan word je nooit dikke vrienden. Organisaties focussen zich vaak vooral op het terugwinnen van klanten die zijn vertrokken, en investeren weinig in de relatie met bestaande klanten. Waar stop jij meer tijd in? In het terughalen van klanten die zijn vertrokken? Of in trouwe klanten met wie je een langdurige relatie hebt?

B Creative

Afhankelijk van de positionering van je organisatie in de markt zijn er voor een CIO allerlei creatieve mogelijkheden om een band te smeden tussen je medewerkers en klanten. Een leuk voorbeeld is Barber Bart in New York (www.barberbart.com). Deze kapperszaak is een echte barbier. Alleen is de traditionele scheerbeurt hier volledig geüpdatet en afgestemd op de moderne klant. Zo hebben ze nu bijvoorbeeld een systeem om online een afspraak vast te leggen. De klant maakt een afspraak wanneer hij maar wil en in plaats van afspraken op te schrijven kan het personeel zich echt bezighouden met de klant.

Barber Bart in New York maakt de relatie met de klant een stuk makkelijker

Deze simpele innovatie is erg geschikt om de bestaande relatie tussen een kapper en zijn klanten te verbeteren. Mannen die zich bij de kapper laten scheren, vertrouwen die kapper met hun leven. Na het inzepen krijg je dat vlijmscherpe mes op je keel gezet. Een ongeluk zit in een klein hoekje! Zo krijg je natuurlijk vanzelf een vertrouwensband. Combineer dat met een snufje internet en de klant is een tevreden man.

B Happy

In Nederland is Salon B (www.salonb.nl) een keten van kapperszaken, ongeveer zoals Barber Bart, maar zonder de intimiteit van een scheerbeurt. Alle verschillende vestigingen, alle verschillende kappers die met de klanten werken en alle verschillende diensten die een kapsalon aanbiedt maken het voor Salon B een stuk moeilijker om een blijvende relatie met de klant aan te gaan. Om de juiste voedingsbodem te creëren voor een goed gedijende relatie met de klant is Salon B heel creatief aan de slag gegaan met hun businessmodel, processen en systemen.

Een revolutie is het model van Salon B echter niet. In landen als de Verenigde Staten is deze manier van werken de norm. In plaats van haarstylisten in vaste dienst te nemen werken ze met een franchiseconcept voor zelfstandigen. Zelfstandige kappers binden zich voor een bepaalde periode aan Salon B en huren een werkplek. De huur is voor de overhead, zoals de locatie, continue bijscholing en administratieve (en andere) ondersteuning. De sfeer die dit model creëert, zorgt ervoor dat de haarstylisten er alles aan doen om de hoogst mogelijke kwaliteit te bieden. Ze zijn gemotiveerd om een blijvende relatie met de klant aan te gaan.

Het Salon B Creative Team van Andy Uffels, Ilham Mestour en Marriet Gakes heeft ervaring met de catwalk en modeshows. Het is die ervaring die ze willen overbrengen naar Salon B, zodat de laatste trends en technieken van de beroemde namen uit de mode binnen het bereik komen van hun klanten. Het is in het belang van Salon B dat hun klanten er goed uitzien en dat hun zelfstandige haarstylisten succes hebben.

Continue bijscholing is erg belangrijk voor het bedrijf als geheel en voor de afzonderlijke haarstylisten. De kappers krijgen training in stylingtechnieken en ze leren van alles bij over de producten. Dat is logisch. Maar Salon B wil meer: ook de relatie met de klant krijgt veel aandacht. In de cursus Personal Marketing bijvoorbeeld leren de kappers hoe ze hun persoonlijke merk uitbouwen en wat ze kunnen doen met alle tools die Salon B aanbiedt voor het contact met de klant.

De dienstverlening van deze kappers gaat veel verder dan bij de traditionele concurrentie. Wassen en knippen? Ja, natuurlijk. Maar eerst kun je ook een hoofdmassage van een half uur krijgen. Na deze ontspannende massage met shampoo krijg je een lekker naar munt ruikend product op je hoofd en daarna een warme handdoek. De klant kan zich op deze manier even ontspannen en bekomen van de dagelijkse beslommeringen. Voor de zaak is het een erg winstgevende formule: de massage kunnen ze laten geven door assistenten. Salon B gebruikt de massages ook als speciale aanbieding. Een gratis massage voor de vaste klant in de rustige periodes leidt tot meer klanten voor andere diensten. Dergelijke aanbiedingen creëren waarde voor de klant, omzet voor de haarstylisten en werk voor het personeel op minder drukke momenten.

Voor de contactgegevens van de klanten gebruikt Salon B het standaardpakket Shortcuts (www.shortcuts.net). Ook wordt bijgehouden welke kapper de klant de vorige keer heeft geholpen, met daarbij alle producten die die klant ooit heeft gekocht. Dit is handig voor klanten die niet meer precies weten wat ze toen en toen gebruikt hebben. Salon B heeft een puntensysteem voor trouwe klanten. Ook daarbij is de software van nut. Voor elke euro die de klant besteedt, krijgt hij een punt. Die punten kunnen achteraf worden ingeruild voor producten. Een paar keer naar de kapper en de punten lopen snel op, zodat de klant al snel in aanmerking komt voor een leuke korting of een gratis product.

Salon B is niet de goedkoopste, maar zeker niet de duurste. In de steden is er concurrentie genoeg, vaak letterlijk om de hoek. Toch zit Salon B met zijn prijzen boven het gemiddelde. Tijdens de crisis van de afgelopen paar jaar hadden veel kapperszaken het moeilijk. Salon B is echter blijven groeien en bleef winstgevend. Op zich doen ze niets revolutionairs, maar wat ze doen, is duidelijk en echt. Ze willen de juiste omstandigheden creëren om de klant zich goed te laten voelen. Ze trekken kappers aan die graag met mensen werken en ze hebben de ondersteunende processen en systemen om het hele traject naadloos te laten verlopen.

B Innovative

De *consumer hospitality* en *beauty industry* draaien volledig op het contact tussen mensen. Het is dus niet meer dan logisch dat de customer relationship perfect moet zijn. Ook andere sectoren, zeker business-to-business, kunnen succes boeken met goede relaties. Hoe beter een CIO zich bewust is van de marketingprincipes achter CRM, des te beter deze CIO kan connecten met commerciële medewerkers en externe vendors. Bij Marketing & Sales hebben ze cijfers en targets voor *customer satisfaction* en *loyalty*. Hoe beter een CIO de motivatie van deze stakeholders begrijpt, des te groter de kans dat ze een sterke relatie zullen hebben. Technology vendors die verkopen aan het bedrijfsleven, weten dat hun producten en diensten moeilijk te differentiëren zijn. Daarom investeren ze veel in events en andere zaken die de band tussen de klant en het merk kunnen versterken.

Ongeacht de organisatie, voor elke CIO zijn er genoeg mogelijkheden om een stempel te drukken op het businessmodel, de werving en selectie, en de ondersteunende processen. Kan jouw organisatie iets extra's doen voor de klant en tegelijk onderbenutte resources aan het werk houden, zoals Salon B met zijn hoofdmassages? Is er qua marge nog ruimte om de unit cost iets te verhogen en specifieke kortingen of andere voordelen te geven verderop in de lifecycle van de klant? Trek je wel de beste mensen aan voor de specifieke functies die in jouw organisatie een langdurige relatie met de klant mogelijk maken? Een CIO heeft inzicht in de informatie, processen en technologie van de organisatie. Op basis daarvan kunnen al deze vragen perfect worden bestudeerd en de resultaten kunnen direct worden toegepast op de functies waarvoor de CIO verantwoordelijk is.

B Smart

De makkelijkste manier om erachter te komen hoe je een goede relatie met de klant onderhoudt? Vraag het op de man af aan de meest succesvolle verkopers van je organisatie. Wedden dat ze iets heel eenvoudigs gebruiken? Gewoon pen en papier of een standaardpakket op hun eigen computer? Meer heb je namelijk niet nodig om je contacten bij te houden. De persoon moet in eerste instantie zelf willen investeren in de relatie en het up-to-date houden ervan. Dat up-to-date houden van klantgegevens is al moeilijk genoeg, zeker als de gegevens door verschillende onderdelen van de organisatie worden gedeeld. De CIO is degene die een efficiënt beheer van alle klantgegevens mogelijk moet maken.

Je implementeert pas CRM-software wanneer je ook bereid bent te investeren in de relatie met de klant. Een CIO-strategie die vooral gericht is op efficiëntie vindt in de moderne boardroom minder weerklank dan een strategie die je medewerkers een zinvolle en langdurige relatie met de klant laat opbouwen.

Als je organisatie nog niet op grote schaal in CRM heeft geïnvesteerd, heb je nog alle vrijheid om verschillende oplossingen te bekijken. Zoho CRM (www.zoho.com/crm/) is voor de eerste drie gebruikers gratis, zodat je de mogelijkheden kunt leren kennen. SugarCRM (www.sugarcrm.com) heeft een gratis *Community Edition*. Van hun Enterprise-product bestaat er een demoversie, die gedurende een bepaalde periode gratis mag worden gebruikt. Of misschien is dit een ideale gelegenheid om de relatie met je vaste software vendor te testen. Zij zijn vast niet te beroerd om je een gratis demoversie van hun oplossing te bezorgen, zodat je kunt kijken of die aan jouw behoeften voldoet.

B Ready

Elke organisatie kan de juiste mensen aantrekken en die de juiste tools en processen bezorgen. Elke organisatie kan een *brand position* en *value proposition* uitwerken die interessant zijn voor klanten. Waar het echter op aankomt is dat die organisaties in hun processen en systemen ruimte moeten laten voor de mensen, zodat (h)echte relaties kunnen groeien. Een haarstylist van een van de salons vatte het als volgt samen: "Salon B creëert gewoon een gezellige sfeer. Ik werk samen met allemaal leuke collega's en dit maakt het ook leuk voor mijn klanten."

Customer Relationship-actielijst voor de CIO:
1. Evalueer de relatie die je als klant zelf hebt met je favoriete bedrijven.
2. Stuur je businessmodel, werving, selectie en processen zo bij dat hechte relaties mogelijk worden.
3. Neem een bureau in de arm dat alles weet over *strategic marketing* en laat je bijstaan bij je *relationship strategy*.
4. Breng jezelf en je team helemaal up-to-date over de laatste trends, filosofieën en oplossingen op het gebied van CRM.
5. Test de relatie met je klanten en vraag of ze je – als de nood aan de man komt – willen helpen.
6. Word vriendjes met je haarstylist en probeer uit te vissen hoe hij/zij de relatie met de klanten fris houdt.

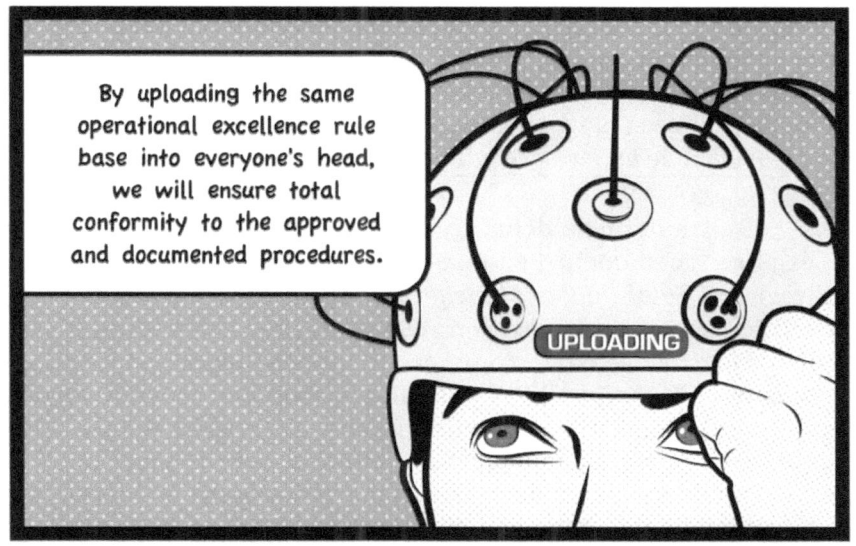

People Are Not Machines

Aflevering 4: Contributing to a Positive Employee Experience

> De *customer experience* begint bij de *employee experience*. Goed voor de klant zorgen is iets wat je medewerkers echt moeten willen. Als CIO kun je iets betekenen in de boardroom door voor je medewerkers een omgeving te creëren waarin ze de customer graag een goede experience willen bezorgen.

De traditionele definitie van operational excellence is 'iets in één keer goed doen'. Een mooie ambitie. Complete sectoren zijn gestoeld op *Total Quality Management* en *Six Sigma*. Het probleem is echter dat, zodra er mensen mee gemoeid zijn, de dingen niet altijd gaan zoals gepland. Zodra een klant één stap afwijkt van het proces dat hij of zij volgens jouw organisatie had moeten volgen, ligt de uitdaging bij jouw medewerkers. Zij moeten er dan voor zorgen dat die klant tevreden blijft. Werken met externe serviceproviders maakt de zaak nog ingewikkelder. De mensen die dan met de klant in contact staan, werken niet per se rechtstreeks voor jou. Helaas gebeurt het maar al te vaak dat klanten met vragen vastlopen in een doolhof van afdelingen. Uiteindelijk komen ze als nummertje zoveel terecht op de klachtenlijst. Het is de taak van de CIO om ervoor te zorgen dat dit niet gebeurt. Wanneer je je medewerkers en klanten een expliciet ontworpen experience kunt bieden, hoef je niet te investeren in technologie en processen die voor deze mensen helemaal niet belangrijk zijn. Zo kun jij het beste uit je budget halen en creëer je een positieve impact op je brand image.

Het idee om met een betere *employee experience* tegelijk de *customer experience* te verbeteren is niet nieuw, alleen werden er vroeger andere namen voor gebruikt. Zo werd begin jaren negentig in de Harvard Business Review de Service Profit Chain beschreven. Daarmee werd de winst voor de *customer satisfaction* en *loyalty* gekwantificeerd die voortvloeide uit *employee satisfaction* en *loyalty*. Wat klanten en medewerkers meemaken met of in jouw organisatie is het allerbelangrijkste voor hun tevredenheid en loyaliteit. Organisaties die zich hiervan bewust zijn, komen tot een soort verlichte definitie van *operational excellence* en dat is het hebben van geëngageerde en *empowered* medewerkers die continu bezig zijn met het verbeteren van de klantervaring. Jij moet de omstandigheden creëren die er als vanzelf toe leiden dat jouw mensen jouw klanten willen helpen.

Making Travel Human Again

Al deze aspecten speelden door het hoofd van Daan Lenderink toen hij in 2000 begon met Schiphol Travel (www.schipholtravel.com), een onafhankelijke organisatie voor zakenreizen. Na jarenlang te hebben gewerkt voor de grootste namen in de reisbranche vond hij dat het beter moest kunnen. Daan wilde zich met zijn reisbureau specifiek richten op alle onbevredigde behoeften die hij zag bij middelgrote en grote klanten (multinationals). Hij raakte geïnspireerd door de lerende organisatie, het concept van Peter Senge, dat stelt dat een bedrijf zichzelf continu kan transformeren door de medewerkers altijd te laten bijleren. Traditionele reisbureaus kunnen geen consistente klantervaring bieden, want doordat alle verschillende afdelingen allemaal hun eigen stukje van het proces verzorgen, is de complexiteit veel te groot. Bij Schiphol Travel is één accountmanager verantwoordelijk voor alles. Die accountmanager zorgt ervoor dat het hele traject goed verloopt, van reservering, ticket, factuur en debiteurenbeheer tot en met rapportage, contracten, relatiebeheer, evaluatie en interne analyse van de verwachte omzet.

Geen van de accountmanagers werkt parttime. Het hele concept is er immers op gebaseerd dat de accountmanager elke dag persoonlijk beschikbaar is voor zijn of haar klanten. Om kwaliteit te garanderen betaalt Schiphol Travel zijn medewerkers ongeveer twintig procent meer dan de concurrent. Dit is een significant gegeven, aangezien personeelskosten de grootste kostenpost zijn. De medewerkers krijgen een chic houten bureau in de duurste kantoorruimten op internationale luchthavens. Zo zijn ze altijd daar waar het gebeurt en bovendien zijn deze locaties altijd goed te bereiken met het openbaar vervoer. Waar Schiphol Travel geen geld in stopt, is onnodige bureaucratie of allerlei extraatjes waar het personeel toch niet om geeft. Verkopers hebben ze niet. Op meer dan zeventig accountmanagers zijn er maar drie overkoepelende managers. Ook aan mobieltjes en leaseauto's doen ze niet.

Daan omschrijft deze focus op klantervaring als zijn 'anti-callcenter'. Schiphol Travel is nu al vier jaar lang het snelst groeiende reisbureau van Nederland en heeft nu ook een kantoor geopend op Heathrow in Groot-Brittannië. De accountmanagers van Schiphol Travel zijn niet de medewerkers die je bij een gewoon reisbureau aantreft. Daan spendeert meer dan de helft van zijn tijd aan het vinden van de juiste mensen en het ontwikkelen van zijn team. Omdat al zijn medewerkers persoonlijk verantwoordelijk zijn voor het hele proces, krijgen ze het gevoel hun eigen bedrijfje te runnen en zijn ze veel sterker geneigd om de reiziger onmiddellijk van dienst te zijn. Die reiziger is tenslotte hun persoonlijke klant. Gaat er iets niet in één keer goed, dan moet de accountmanager achteraf zelf de brokken lijmen. Daarom gaat Daan bij een gesprek met potentiële accountmanagers altijd op zoek naar inzet om de klant te willen helpen.

My Client Is My Baby

Het servicemodel van Schiphol Travel steunt dus op één persoon die zich maximaal inzet voor het account. Hoewel ze voor deze full service minder rekenen dan hun concurrenten, mede dankzij de lagere overhead, zijn ze wel duurder dan een online geboekte reis. Hun 'geheime saus' heet Smart Ticketing en bestaat uit meer dan dertig creatieve technieken om tickets te vinden. Deze technieken, die in de loop van de tijd steeds verder zijn geperfectioneerd, zijn echter niets zonder deskundige accountmanagers die precies weten wat het reispatroon van hun klanten is. Voor reizigers met een vast reispatroon bijvoorbeeld worden er overlappende vluchten geboekt om maximaal te kunnen profiteren van kortingen. Op deze en meer geavanceerde manieren bespaart Schiphol Travel haar klanten meer dan twintig procent ten opzichte van de normale prijzen voor het publiek. Eenvoudige facturering is een andere manier om de kosten te drukken. Ze rekenen alleen kosten wanneer de klant een reservering doet die een concrete reisfactuur oplevert. Alle andere activiteiten, tot en met onbeperkte aanpassingen, worden niet apart aangerekend. Ze differentiëren zich met hun processen en de eenvoud van hun facturering.

Wat de accountmanagers allemaal doen buiten de normale procedures, dát levert trouwe klanten op. De accountmanagers hebben namelijk carte blanche om een probleem voor een klant meteen op te lossen op de manier die ze zelf het beste vinden. Dankzij deze aanpak had Daan het afgelopen jaar maar tien klachten onder al zijn zevenhonderd klanten. Creatief omgaan met problemen van klanten en het leven gemakkelijker maken voor de reizigers, daar draait het om. Een vlucht boeken met airmiles is wat omslachtiger dan gewoon een ticket kopen. De meeste reisbureaus doen dit daarom liever niet. Bij Schiphol Travel kunnen klanten wel terecht met hun airmiles, ook al levert dit op korte termijn minder op. De klant is ermee geholpen en dat is het belangrijkste. En zo zijn er meer voorbeelden van kansen die Schiphol Travel wel aangrijpt en de concurrent niet. Bijvoorbeeld toen er tijdens de aswolk van vorig jaar niet kon worden gevlogen, heeft Schiphol Travel een grote nieuwe klant binnengehaald door iemand te helpen die nog geen klant was.

Voor al deze service hebben de accountmanagers van Schiphol Travel helemaal geen exotische technologie nodig. Voor het boeken van vluchten gebruiken ze Galileo (www.travelport.com) en voor het beheer van hun reisgegevens hebben ze een apart, op maat ontwikkeld systeem. De IT-support is volledig uitbesteed aan BizQIT (www.bizqit.nl), een Managed Services Provider uit Amsterdam. Samen met Sound of Data (www.sod.nl) hebben ze vorig jaar de eerste mobiele app voor de Nederlandse zakenreiziger ontwikkeld.

Technology Comes To Life

Een soortgelijke filosofie is toegepast in een sector die voor de CIO dichter bij huis is. Toen Vineet Nayar in 2005 werd benoemd tot president van HCL Technologies (www.hcltech.com) voerde hij een gewaagde filosofie in – door hem 'Employees First, Customers Second' genoemd – om het bedrijf weer op de rails te krijgen. Het was zijn gewoonte om zijn organisatie elke twee jaar volledig te transformeren. Door de omvang en het verleden van deze organisatie was dat nu echter niet meteen mogelijk. Voordat hij van HCL een organisatie kon maken die constant verbetert en transformeert, moest hij twee belangrijke obstakels zien te overwinnen. Hij zag dat de bedrijfsleiding maar weinig vertrouwen in de markt had en dat de waarde vooral werd gecreëerd tussen de klant en de frontline-medewerkers. Hij besloot daarom de verantwoordelijkheidsstructuur van de organisatie om te draaien en het management verantwoordelijk te maken voor het creëren van een omgeving waarin het personeel zo goed mogelijk kon presteren.

Een paar klanten geloofden niet in de nieuwe aanpak en gingen weg bij HCL. Maar al vrij snel haalden ze drie grote internationale contracten binnen en nam het vertrouwen bij de organisatie toe. Naast commercieel succes waren er ook voordelen van andere, minder voor de hand liggende aard. Toen Vineet alle kantoren over de hele wereld afging om de invoering van een nieuw ticketingsysteem bekend te maken, kreeg hij van een medewerker in Groot-Brittannië de vraag waarom er überhaupt met tickets werd gewerkt. Als iedereen zo hard zijn best doet om het systeem op het door de klant gewenste niveau te krijgen, dan zijn er toch helemaal geen tickets? Dit leidde uiteindelijk tot een bedrijfsbreed initiatief om nul tickets te bereiken. Barrières tussen functiegebieden werden geslecht en iedereen zette samen de schouders onder het nieuwe streven.

Let The Machine Work For You

Er bestaan verschillende technologieën die een CIO kan gebruiken om het functioneren van geëngageerde en verantwoordelijke medewerkers te verbeteren. Ted Schadler en Josh Bernoff hebben in hun boek *Empowered* vier van deze technologieën beschreven, die je meteen kunt toepassen: *smart*

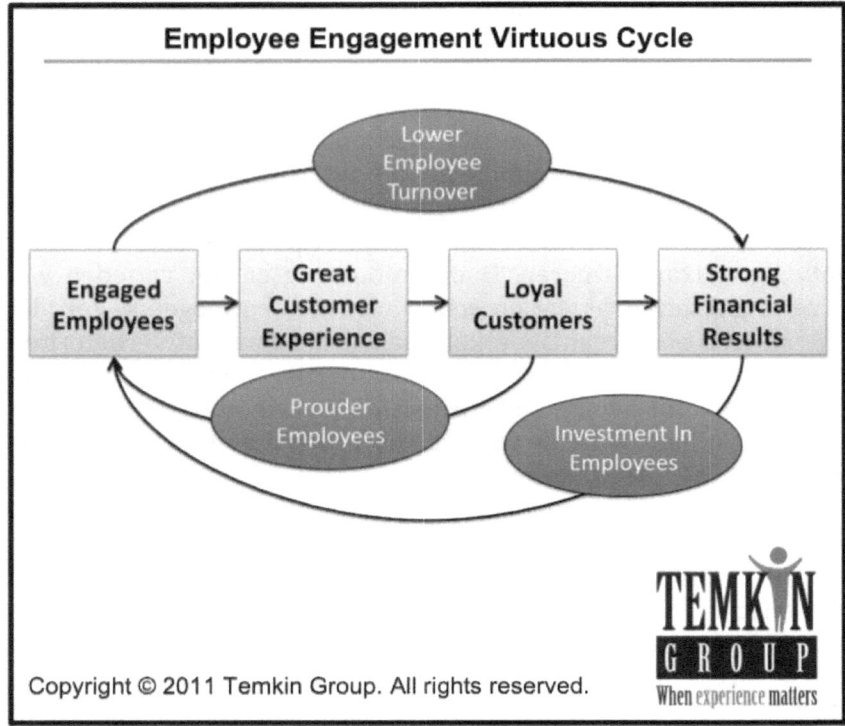

mobile devices, pervasive video, cloud computing services en *social technology*. Deze technologieën alleen zullen echter niet veel veranderen aan de customer experience. Ze kunnen alleen slagen als er een perspectiefwijziging van het management mee samengaat. De *customer experience* begint met de *employee experience*. Het management moet er daarom in de eerste plaats voor zorgen dat de medewerkers een positieve experience hebben. Bruce Temkin van de Temkin Group heeft de *Employee Experience Virtuous Cycle* ontwikkeld, waaruit duidelijk blijkt wat investeren in *employee experience* inhoudt. Het is de uitdaging voor de CIO om een eigen strategie uit te werken om een consistente en geschikte employee experience te bereiken voor de eigen mensen.

It's Time To Tune-up Your Team

Elke organisatie uit elke sector kan de *customer experience* verbeteren door de *employee experience* te verbeteren. Dit geldt ook voor interne ondersteunende diensten, zoals die waarvoor de CIO verantwoordelijk is. Wil je dit? Begin dan met geëngageerde medewerkers en empower die. Met technologie alleen krijg je geen team zoals Schiphol Travel met zijn accountmanagers. Wat Daan heeft aangetoond, is dat je voor een dergelijke customer service helemaal geen geavanceerde technologie nodig hebt en niet zwaar hoeft te investeren in extra personeel of marketing. De volgende keer dat je een klacht van een klant op je bureau krijgt, kijk dan eens goed naar de experience die jij je medewerkers biedt in plaats van meteen een beschuldigende vinger uit te steken.

Employee Experience-actielijst voor de CIO:
1. Breng jezelf en je team helemaal up-to-date over het belang van *employee experience*.
2. Bepaal hoe je huidige werkmodel bijdraagt aan deze experience.
3. Empower je mensen zodat ze je klanten beter kunnen helpen.
4. Test of dit de inzet van je mensen verhoogt.
5. Neem een *employee engagement* specialist in de arm.
6. Word vrienden met HRM, want die heb je nodig om bepaalde regels aan te passen.

Creating Fans, Not Customers

Aflevering 5: Creating Meaningful Customer Experiences

De customer experience in goede banen leiden is een must voor elke organisatie. Om dit te bereiken moet de hele organisatie – en dus de hele board – aan de bak. De hoofdrol is voor de CIO, want de klantervaring vloeit grotendeels voort uit technologie.

Iedere organisatie heeft beperkt middelen beschikbaar. Toch gaan te weinig bedrijven voor hun investeringen uit van de ervaring van hun klanten. Mike Wittenstein, een van de meest prominente strategen ter wereld op het gebied van customer experience, beschrijft verbluffend simpel hoe je je klantervaring kunt verbeteren: je neemt alles wat je DOET VOOR JE KLANTEN en trekt daar alles wat je JE KLANTEN AANDOET van af. Wat je overhoudt, is de waarde die je voor de klant hebt gecreëerd. *Customer Experience Management* (CEM) is belangrijk voor de CIO, omdat je via het denkproces dat ermee samenhangt precies achterhaalt wat voor jouw klanten het meest waardevol is. Met CEM focus je je op de dingen die belangrijk zijn voor je klanten en je merk, en verhoog je je winstgevendheid door onnodige kosten te vermijden.

De ervaring die je je klanten biedt is niet met wetenschappelijke testen te meten. Wat is goed? Wat is slecht? De *customer experience* is een persoonlijke, emotionele reactie die niet altijd beter wordt bij een directe interventie. De beste manier om te weten te komen of je je klanten de ervaring biedt die je voor ogen hebt, is door met je klanten te praten. Indirecte kengetallen zijn een andere manier, zoals scores voor de klanttevredenheid, klachten, complimenten en loyaliteit. De Net Promoter Score (NPS) is een eenvoudige en algemeen toegepaste maat voor loyaliteit, die in veel markten als norm geldt. De score is gewoon een berekening op basis van wat de klant antwoordt op de vraag hoe waarschijnlijk het is dat ze jouw organisatie zouden aanbevelen aan vrienden of collega's. Trek de allerlaagste scores af van de allerhoogste, de gemiddelde scores tellen niet mee, en je hebt de NPS. Als jouw organisatie belang hecht aan loyaliteit en behoud van klanten, dan is de NPS een prima managementinstrument, en management van de klantervaring is een beproefde methode om deze score te verbeteren. In de Britse banksector, waar sommige banken hun klanten nu kosten in rekening brengen wanneer ze een geldautomaat van een andere bank gebruiken, zijn heel lage scores schering en inslag. Barclays heeft op dit moment een NPS van -35. Er zijn echter ook banken die veel werk maken van de klantervaring en dat blijkt wel uit hun NPS. Zo heeft Metro Bank een NPS van 85! Wat Metro Bank doet, is duidelijk. In plaats van een *customer base* creëren ze een *fan base* voor hun bank.

In het bankwezen en de retail, zo heeft Forrester vastgesteld, bestaat er een sterke correlatie tussen het verbeteren van de *customer experience* en de daaruit voortvloeiende hogere *Net Promoter Score* (NPS). Slaagt jouw organisatie er maar niet in om trouwe klanten te kweken? Zet het verbeteren van de *customer experience* dan ergens bovenaan je lijstje persoonlijke prioriteiten. Helaas nemen organisaties die te maken krijgen met een daling van de loyaliteit en winst, vaak hun toevlucht tot allerlei efficientieprojecten. Ze willen vooral iets doen aan de kosten. Wanneer Lean Thinking achteraf wordt losgelaten op een slecht doordachte customer experience, loop je het risico dat je alles wat eventueel wel speciaal en uniek is en wat je klanten wel goed vinden, ook meegeeft met het grofvuil. Een efficiënte *customer experience* is niet per se een goede *customer experience*. Organisaties die hun klanten keer op keer een uitstekende ervaring bezorgen, hebben op voorhand goed vastgelegd wat het fundamentele doel van de organisatie is. Iedereen in de organisatie werkt aan datzelfde doel. Op basis van dat gemeenschappelijke en afgesproken doel kan dan worden besloten wat de klanten wel en niet moeten krijgen. Een goede klantervaring kun je niet faken.

No Stupid Rules

Ruim een jaar geleden werd de eerste vestiging van Metro Bank (www.metrobankonline.co.uk) geopend. Deze bank heeft op voorhand goed gekeken wat het doel moest worden en wat ze hun klanten wel en niet wilden bieden. Hun *business model* is gebaseerd op het verlenen van service aan de klant. Daarnaast hebben ze de keuze gemaakt om het op belangrijke punten anders te doen dan de meeste traditionele banken. Zo concurreren ze bijvoorbeeld op service en niet op prijs. Dit betekent onder andere dat ze met hun spaarrente ergens in de middenmoot zitten. Wat de klant niet kan, is online een nieuwe rekening openen. Het klinkt misschien als ongemak. Toch was het een bewuste keuze. De reden dat online een rekening openen niet kan, is dat Metro Bank het persoonlijk contact met de klant aan het begin van de relatie erg belangrijk vindt. Dit is de fundamentele pijler van hun ervaring.

Metro Bank heeft het bedrijf speciaal op deze manier opgezet om een van de beste klantervaringen van de financiële sector mogelijk te maken. Anthony Thomson, voorzitter van Metro Bank, zegt hierover: "Wij willen absoluut zelf verantwoordelijk zijn voor de interactie met de klant. Wij werken dus met onze eigen mensen, aan de telefoon en in de winkel." In de 'winkel', inderdaad. Niet in het 'kantoor', zoals de meeste andere bankiers zouden zeggen. Hun concept is volledig bekeken door de ogen van een *retailer*. Al hun locaties zitten op een opvallende plek in het centrum van Londen en zijn bijna drie keer zo groot als een gemiddeld bankkantoor. Met hun open indeling en glazen wanden zijn ze volstrekt uniek en creëren ze een gevoel van ruimte en openheid. Bij deze bank geen dik veiligheidsglas tussen het personeel en de klanten. In een gewone winkel heb je dat toch ook niet?

Ze zien er niet alleen uit als een retailer, zo gedragen ze zich ook. Hun winkels zijn zeven dagen per week open van vroeg tot laat en worden minstens om de dag bezocht door een *mystery shopper*. Alle gemakken van een goede retailer zijn voorhanden – zoals toiletten voor de klanten – en nog veel meer. Met extra diensten willen ze de goede ervaring die ze bieden extra kracht bijzetten. Zo zijn er telmachines voor munten die zowel de eigen klanten als klanten van andere banken kunnen gebruiken. Gratis. En hondvriendelijk zijn ze ook! Terwijl baasje een rekening opent of zijn geld laat tellen, zit hondje braaf te wachten onder het genot van een koekje en een bak water. Niet dat dat wachten lang duurt... Metro Bank heeft zijn procedures zo ingericht dat het openen van een rekening niet langer dan vijftien minuten duurt. Na afloop stapt de klant meteen naar buiten met zijn definitieve pinpas en creditcard.

Nu de grote banken alleen nog maar kantoren lijken te sluiten – iedereen online lijkt hun arrogante motto – is de filosofie van Metro Bank behoorlijk gewaagd. Neemt de klant genoegen met een lagere rente in ruil voor een betere *retail experience*? Tot dusver gaat alles volgens plan. In de eerste twaalf maanden van hun bestaan zijn er in de acht winkels van de bank meer dan 25.000 particuliere en zakelijke rekeningen geopend. Elke week komen daar meer dan 1.000 nieuwe rekeningen bij. Hun eerste verjaardag vieren ze met het bericht dat alle bestaande en nieuwe creditcardklanten gedurende 12 maanden 0% rente hoeven te betalen, hoe ze hun creditcard ook gebruiken. Een aankoop, geld opnemen of een overschrijving, het tarief is altijd 0%. CEO Craig Donaldson zegt hierover: "Geen stomme regeltjes, dat is wat we beloofd hebben. Deze deal bewijst gewoon dat we onze beloften nakomen, ook een jaar na opening."

Pay-As-You-Grow

Snel een bankrekening openen en een definitieve bankpas afgeven gaat niet zomaar. Hier zijn een complex geheel aan applicaties en een goede relatie met de ondersteunende partners voor nodig. Aisling Kane, COO van de Metro Bank, zegt: "We kunnen alleen succesvol zijn als we customer service niet laten leiden door IT." Alles is zo ontworpen om het voor hun medewerkers zo makkelijk mogelijk te maken hun klanten service te kunnen verlenen.

Metro Bank draait in hoofdzaak op het banksysteem Temenos (www.temenos.com), dat is geïntegreerd met diverse software van Oracle, SAP en IBM. De integratie van dit diverse landschap – speciaal gericht op die unieke *customer experience* – was geen gemakkelijk opgave, maar ze zijn er wel in geslaagd. Hun systemen worden gehost in twee datacenters, één in Londen en één extern. De enige apparatuur die de medewerkers gebruiken, zijn thin-client-terminals, voice-over-IP-telefoons en BlackBerry's. De interne IT is verantwoordelijk voor de beveiliging en lokale netwerken, en ze stoppen veel tijd in vendor management. De rest is uitbesteed.

De opstartkosten heeft Metro Bank weten te beperken door een innovatieve outsourcingovereenkomst aan te gaan met niu Solutions (www.niu-solutions.com), dat is ontstaan uit een fusie van vier verschillende IT- en telecombedrijven maar als fusiebedrijf nog maar weinig resultaten kon voorleggen. De overeenkomst houdt in dat de bank in eerste instantie alleen de kostprijs van alle hardware betaalt en daarna, naarmate de bank verder groeit, incrementele kosten per gebruiker. De overeenkomsten voor de architectuur en outsourcing zijn schaalbaar van opzet. Naarmate er meer winkels bijkomen en er meer klanten moeten worden ondersteund, hoeven ze geen extra interne medewerkers aan te trekken.

Een excellente ervaring bieden is een strategische beslissing die op het allerhoogste niveau moet worden genomen en die vervolgens op een samenhangende manier organisatiebreed moet worden geïmplementeerd. Voor bedrijven die bepaalde aspecten van hun klantprocessen overlaten aan externe leveranciers, is dit moeilijker. Als jouw organisatie echt werk wil maken van een strategisch opgezette *customer experience*, dan moeten alle *service level agreements* met derden uitdrukkelijk vermelden welke ervaring zij aan jouw klanten moeten bieden.

Fanatical Support

Een betere *customer experience* voor zakelijke klanten (B2B) is mogelijk nog belangrijker dan voor particuliere klanten. B2B-klanten zijn meestal goed voor een hoger percentage van de omzet dan particuliere klanten. Als de *customer experience* voor B2B-klanten niet tot loyaliteit en behoud van die klanten leidt, valt er dus meer te verliezen. De integratie van systemen en processen met zakelijke klanten is complexer, maar biedt meer manieren om beide organisaties – door middel van een zinvolle *customer experience* – aan elkaar te knopen.

Een bedrijf dat technologische diensten voor B2B aanbiedt en bekendstaat om zijn *customer experience* is Rackspace Hosting (www.rackspace.com). Rackspace heeft wereldwijd meer dan 152.000 klanten en belooft al die klanten bij te staan met Fanatical Support. Hun focus op *customer experience* blijkt uit alles wat ze doen. Gaat er iets mis, dan komen ze helemaal goed op dreef. Een paar jaar geleden had Rackspace problemen met de stroomvoorziening. Duizenden klanten werden hierdoor getroffen.

De Fanatical Support hield in dit geval meer in dan zo snel mogelijk weer online zijn. De getroffen klanten kregen allemaal een telefoontje van een medewerker met excuses, een uitleg en een belofte tot terugbetaling. Wat een regelrechte crisis had kunnen zijn, greep Rackspace juist aan om zijn fanbase te verstevigen. *Customer service* begint op het moment dat er iets verkeerd loopt in een proces. *Customer Experience* is de kans om iets unieks en speciaals te doen tijdens de interactie.

Evolving Technologies

De term *Customer Experience Management* gaat al meer dan tien jaar mee en er zijn steeds meer adviesbureaus die zich hierin specialiseren. Met de recente opkomst van softwareoplossingen voor CEM springen ook technologiebedrijven in dit gat. De meeste van deze oplossingen zijn vooral uitbreidingen op bestaande oplossingen voor andere gerelateerde domeinen, zoals *content management, commerce platforms, customer service* en *analytics solutions*. Een voorbeeld hiervan is Medallia (www.medallia.com), een gerenommeerde naam in de hospitality-sector. Medallia breidt zijn oplossingen uit naar het B2B-segment en brengt zijn producten samen in een CEM-suite.

Technologie op zich volstaat niet om de ervaring die je je klanten biedt te managen of te verbeteren. Brian Walker, VP en hoofdanalist bij Forrester Research, schrijft heel wijselijk: "...e-business-leiders moeten zich in de nabije toekomst pragmatisch opstellen wat de waarde van CXM-oplossingen betreft." Willen uitblinken op het gebied van customer experience is een veel belangrijkere beslissing dan beslissen over de software die daarbij zal worden gebruikt.

Are You A Dog?

Metro Bank wil fans, geen klanten. Ze hebben hun bedrijfsmodel, processen en systemen perfect afgestemd op het bereiken van dit specifieke doel en ze hebben daarvoor de juiste mensen aangetrokken. Ze overtreffen de verwachtingen van hun klanten met winkellocaties waar zelfs de hond welkom is. Ach ja, wat geblaf of een 'ongelukje' op de marmeren vloer kan natuurlijk altijd. Daarom zijn honden voor andere banken in de eerste plaats een last- of kostenpost. Voel jij je behandeld als een hond?

Elke organisatie, elke CIO wil de service verbeteren. De middelen daarvoor zijn echter beperkt. Door de *customer experience* op strategisch niveau op voorhand vast te leggen, raak je een paar stomme regeltjes kwijt en haal je geld weg bij dingen die niet belangrijk zijn. De klant stelt de geboden ervaring op prijs en jij drukt de kosten. Ben je je concurrenten een stukje voor, dan is het misschien zelfs mogelijk om ietsje meer te rekenen. Met *Customer Experience Management* maak je van een kostenplaats een profitcenter. Het is tijd om het hondenasiel te verruilen voor een gezellig thuis.

Customer Experience-actielijst voor de CIO:

1. Breng jezelf en je team helemaal up-to-date over *Customer Experience Management* met de bronnen achter in dit boek.
2. Praat met een paar klanten en evalueer hoe goed je huidige *customer experience* is.
3. Neem een *Customer Experience Consultant* in de arm.
4. Verbeter je *Customer Experience*-strategie en het traject dat de klant bij jou aflegt.
5. Test de nieuwe ervaring bij een paar klanten en kom te weten wat zij vinden en denken.
6. Word vriendjes met de Chief Customer Officer of steun het idee om zo iemand aan te trekken.

You Are What You Charge For

Aflevering 6: Succeeding in the Experience Economy

Als bedrijf loop je het risico dat je op een dag niks bijzonders meer bent. Ineens ben je een *commodity*. Technologische veranderingen, druk van de concurrentie of veranderende verwachtingen bij de klant kunnen hiertoe leiden. Besef dat klanten meer willen betalen voor een ervaring dan voor goederen en diensten en stel dit principe centraal in je strategie. De CIO is de aangewezen persoon om de transformatie aan te sturen die nodig is om te overleven in de *Experience Economy*.

Ook als CIO loop je het risico dat jouw baan ineens een *commodity* is. De dagen dat je met een prima dienstverlening alleen kon volstaan om je loon uitgekeerd te krijgen, zijn geteld. Er zijn te veel andere partijen die dezelfde dienstverlening goedkoper en beter kunnen aanbieden dan jij. Voor jouw dienstverlening zijn externe partijen – die constant bezig met het verbeteren van de klantervaring en het verlagen van de kosten – een voor de hand liggend alternatief. Collega-executives waren ooit jouw *captive customer*. Nu gaan die op zoek naar hun eigen technologie specialisten. Jou hebben ze echt niet meer nodig. Een meer recent gevaar voor je toekomst zijn je gebruikers. Met de meest uiteenlopende oplossingen in de cloud en de meest verbluffende gebruikerservaringen vullen zij met het grootste gemak al hun informatiebehoeften in. Een strategie die louter steunt op het verlenen van informatiediensten, maakt hiertegen geen schijn van kans meer.

Geen enkele sector is veilig voor de dynamische krachten die je rechtstreeks naar *commodity* leiden. Een voorbeeld aan de hand van een lekkere kop koffie. Stel dat jij aan het hoofd staat van de afdeling Koffie Branden & Koffie Zetten binnen je organisatie en op een kwade dag wordt de koffieautomaat voor op kantoor geïntroduceerd. Ook al kies je voor de meest professionele machine die je kunt vinden, er zullen altijd een paar secretaresses zijn die à la George Clooney liever een Nespresso willen! Weet wat de economische waarde is die je wilt aanbieden. Want alleen dan kom je tot een houdbare strategie.

Het product met de laagste economische waarde is een *commodity*. In dit geval koffiebonen in bulk. Koffie kan een meerwaarde krijgen door de bonen te verwerken en te verpakken voor de detailhandel, of nog verder door de verkoop van een kopje koffie. Het bedrag dat de klant per koffieboon moet betalen, gaat fors de hoogte in op het moment dat die koffieboon geen *commodity* meer is, maar verandert in een goed, naar een dienst of nog verder naar een ervaring. Zo is de *value proposition* van Starbucks veel meer dan een kop koffie. De inrichting, het personeel, de muziek en de andere producten die Starbucks verkoopt, maken die kop koffie bij Starbucks zoveel leuker en een memorabele ervaring. Klanten zijn bereid om voor die ervaring veel meer te betalen dan voor een kop koffie uit een automaat of in een gewoon restaurant.

In elke branche zijn er mogelijkheden om in plaats van een dienst een complete ervaring te bieden. Zelfs voor een werkplaats – een industrieel gebouw met zware machines waar tastbare producten worden gemaakt – is het perfect mogelijk om economische waarde te creëren op basis van ervaringen.

Build Your Dreams Here

Gewone mensen maken vaak de meest buitengewone dingen. Het is een heuse trend. Door de constante en exponentiële verlaging van de kosten van technologie zijn deze gewone mensen – die zichzelf vaak maker noemen – in staat om fysieke producten te maken die nog niet zo lang geleden ondenkbaar waren. Ze doen dit in garages, kelders en andere *hackerspaces* over de hele wereld. Een reis naar de maan, waarom niet? Een groepje vrienden is samen, als Team Pheonicia, een maanlander aan het bouwen. Met die maanlander hopen ze de Google Lunar X Prize (www.googlelunarxprize.org) in de wacht te slepen. Ze werken aan hun maanlander in de TechShop, een coöperatieve werkplaats in Silicon Valley.

Voor ongeveer honderd dollar per maand beschik je bij TechShop over de beste machines en software en het allerbeste gereedschap ter wereld. De waarde van al dat materiaal loopt in de miljoenen dollars. Wellicht nog belangrijker dan de machines is de bruisende gemeenschap van de altijd drukke makers. De eerste TechShop (www.techshop.ws) werd in 2006 geopend in Californië en beslaat bijna 1400 vierkante meter. Een wandeling door dit gebouw is een belevenis op zich. Elke afzonderlijke werkruimte heeft een ander doel. Zo is er een ruimte voor het snijden en lassen van metaal. Een ruimte voor kunststofinjectie. 3D-printers. Systemen om te snijden met laser of plasma. Lintzagen. Naaimachines. Ze hebben zelfs een complete wand met allemaal kleine bakken met afvalmateriaal. Wat de makers zelf niet meer kunnen gebruiken, laten ze gewoon achter. Misschien kan iemand anders daar zijn of haar droom mee verwezenlijken...

TechShop was de eerste doe-het-zelf-werkplaats met lidmaatschap. Nu zijn er al vier Amerikaanse steden met een eigen TechShop. Het is de bedoeling de aanwezigheid in de Verenigde Staten verder uit te breiden en er is zelfs al gesproken over een eigen programma op tv. Volgens Mark Hatch, de CEO van TechShop: "Wij zorgen ervoor dat mensen hun droom vorm kunnen geven, zonder dat ze zelf over het gereedschap, de ruimte of de specifieke kennis hoeven te beschikken. Een bezoek aan TechShop is altijd de moeite waard, een unieke belevenis."

De TechShop-belevenis wordt gefaciliteerd door TechShop-medewerkers, die *Dreamcoach* worden genoemd. Wanneer gepassioneerde makers bij het waarmaken van hun droom worden geholpen door een enthousiaste community van andere makers, is de *sky* de *limit*. Tussen de 30 en 60 procent van de leden heeft de ambitie om wat ze maken ook echt te verkopen.

Soms wordt een project een groot succes, zoals de DODOcase (www.dodocase.com). Een DODOcase is een iPad-hoes die eruitziet als een boek. Het prototype en de eerste productie-exemplaren zijn gemaakt bij TechShop. Negentig dagen later stond er een bedrijf met een omzet van meer dan een miljoen dollar. Alles begon met een simpele vraag aan een van de *Dreamcoaches*: "Wat voor cursussen moet ik volgen om te weten te komen hoe ik met behulp van boekbinderstechnieken een iPad-case kan maken van bamboe?" Niemand had toen kunnen voorspellen dat president Obama op tv zou verschijnen met een iPad in een DODOcase.

Aan sommige dromen die TechShop werkelijkheid heeft gemaakt, heeft een CIO ook nog wat. Zo verkoopt Clustered Systems (www.clusteredsystems.com) een systeem om datacenters te koelen met waterkoeling. De koeling van je datacenter kost op deze manier de helft minder energie. In TechShop hebben de oprichters van Clustered Systems een jaar lang gesleuteld aan de eerste prototypes van hun systeem. Nu kan het bedrijf de vraag maar met moeite aan.

TechShop maakt het onmogelijke mogelijk voor de makers. Met een *business model* op basis van lidmaatschap brengen ze mensen in contact met de technologie die ze nodig hebben om hun droom waar te maken. En dat alles voor ongeveer honderd dollar per maand, een magische ervaring in geschenkverpakking. Mark Hatch, de CEO van TechShop, vat het als volgt samen: "Voor de prijs van een Starbucks-verslaving heb je nu toegang tot al het gereedschap dat de industriële revolutie heeft voortgebracht."

Welcome to the Experience Economy

In de Experience Economy stippelen bedrijven een strategie uit die het mogelijk maakt om een ervaring te bieden en daarvoor een goede prijs te rekenen. Het product of de dienst wordt vaak weggegeven. Het bedrijf weet immers dat de marge op de ervaring veel groter is. *You are what you charge for.* Ben jij blijven steken in de *Service Economy*?

De term *Experience Economy* dook eind jaren negentig voor het eerst op in het gelijknamige boek van Joseph Pine II en James Gilmore. Dit jaar hebben deze auteurs een geactualiseerde editie van de *Experience Economy* uitgebracht. Veel van de verbeteringen in het denken zijn gebaseerd op de impact die technologie heeft op het vermogen van bedrijven om een zinvolle en memorabele ervaring te bieden. De theorie die in hun boek uiteen wordt gezet, wordt voorgesteld in het *Progression of Economic Value*-model. Er is een flinke kracht die trekt richting *commoditisation*. Om te kunnen blijven concurreren in de *Experience Economy* moet je services aanbieden die op maat gesneden zijn.

De *Experience Economy* is de fundering waarop de entertainmentbusiness is gebouwd. In plaats van gewoon te betalen voor een verleende dienst betaalt de klant veel liever voor het gevoel tijdens en de herinneringen na het verlenen van die dienst. *Experiential Marketing* brengt *entertainment* naar de klanten van een traditionele organisatie. Veelal zit hier echter een marketingstrategie achter in plaats van een diepere visie.

Voor gewone diensten trekt de klant zijn portemonnee niet zomaar. En ze hebben al helemaal geen zin om geëntertaind te worden door de zoveelste nieuwe marketingcampagne van een bedrijf. De moderne klant weet dat er meer opties zijn. Hij of zij gaat op zoek naar een zinvolle ervaring en vindt via de social media meteen een leverancier die die zinvolle ervaring kan bieden. Inzicht in de *Experience Economy* is dus cruciaal voor de CIO die wil overleven. De *Service Economy* was gebaseerd op toegang tot informatie. De meeste CIO's hebben een strategie die op die behoefte is afgestemd. De *Experience Economy* is gebaseerd op kennis. Een goede CIO-strategie voor de toekomst is een strategie die het mogelijk maakt dat mensen kunnen beschikken over relevante kennis waar en wanneer ze die maar nodig hebben. Een organisatie die deze kennis niet meteen beschikbaar kan maken, is ook niet in staat om een unieke en zinvolle ervaring te bieden.

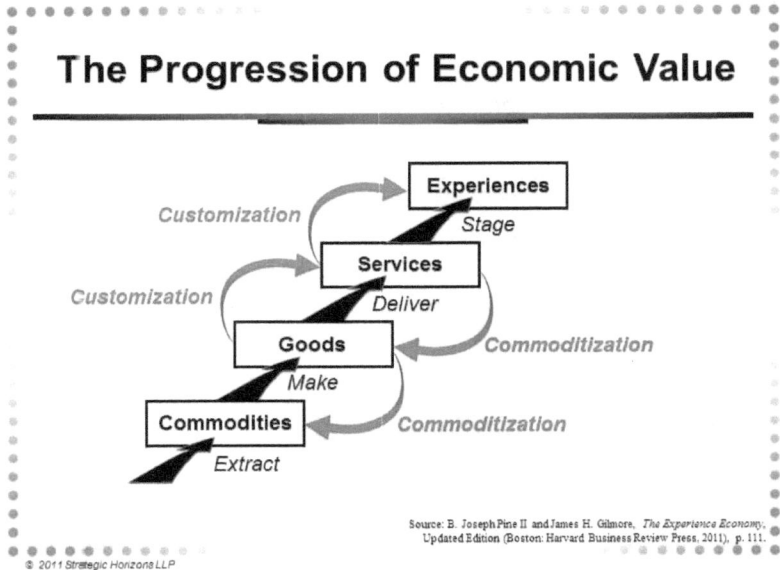

Dreaming of White Socks

TechShop heeft een unieke experience voor de doe-het-zelver. Geek Squad (www.geeksquad.nl), een bedrijf bestaande uit computernerds, heeft een unieke experience voor de rest van de wereld. Gebruikers van technologie die geen zin hebben om te doe-het-zelven, krijgen van Geek Squad een ervaring in een politie-uniform. De 20.000 Special Agents, Double Agents en (in winkels) Counter Intelligence Agents hebben als motto: Serving the Public, Policing Technology and Protecting the World.

Chief Inspector Robert Stephens heeft Geek Squad in 1994 opgericht in Minneapolis met tweehonderd dollar en een fiets. Op dit moment is Geek Squad hét bedrijf voor lokale technologische ondersteuning in de VS. Ze helpen klanten in het hele land met hun problemen met technologie. In het kader van internationale uitbreiding opende Geek Squad eerder dit jaar een Precinct in Nederland.

De basisdienst die Geek Squad verleent, is een *commodity*. Als hun *value proposition* alleen maar zou bestaan uit support, waren ze op geen enkele manier anders dan andere computerwinkels. De grote kracht van hun *value proposition* is echter de show waarmee de dienstverlening gepaard gaat. Klanten betalen voor de ervaring: de Geek Squad helpt ze echt uit de nood.

En dat is heel wat anders dan even een computer repareren. Geek Squad Agents hebben ook een strikte dresscode: zwart pak met een smalle zwarte stropdas. De kleine auto's waarin ze rijden, lijken op een politieauto. Wanneer ze ter plaatse arriveren hebben ze veel schik in hun rol. Bijvoorbeeld door de klant te verzoeken, "stap opzij dame, Geek Squad is hier om u te helpen!"

De Geek Squad heeft als voornaamste doel een leuke ervaring te bieden tijdens het oplossen van een computerprobleem. Het doel is niet zozeer het op een leuke manier oplossen van een computerprobleem. Het verschil in *mindset* is subtiel, maar wel belangrijk. Hun *mindset* is vooral gericht op de ervaring en schijnt door in alles wat ze doen, met name bij hun werving en selectie. Op hun website staat duidelijk dat het uniform niet voor iedereen geschikt is. Mensen die Geek Squad Agent willen worden, moeten echt deel willen uitmaken van die cultuur, want bij het uniform horen ook speciale sokken: "Onze witte sportsokken zijn altijd zichtbaar en moeten dus altijd mooi schoon en wit zijn."

What Do You Charge For?

Wacht niet te lang voordat je je strategie afstemt op de *Experience Economy*. Je concurrenten zitten niet stil. Als jij het niet doet, dan doen zij het wel. Forrester Research kwam onlangs met de aanbeveling dat bedrijven een *Marketing Technology Office* zouden moeten oprichten: een 'centre of excellence dat de technologiestrategie aanstuurt, marketingtechnologieën ontwikkelt en innovatieve toepassingen verkondigt binnen de hele marketingafdeling'. Het aantal makers onder je gebruikers neemt toe. Zij zitten echt niet te wachten op nog meer diensten van jou.

Jouw technologie organisatie kan niet even een politie-uniform aantrekken en succesvol deelnemen aan de *Experience Economy* met een mooie penning aan de broeksriem. Een fundamenteel andere mindset is nodig. Hoe zouden de makers en de marketingafdeling van jouw organisatie reageren als jij hun ervaring zou willen faciliteren met een dreamcoach? Ze kunnen nu voor hun eigen informatiediensten zorgen. Wat ze verder nodig hebben is toegang tot kennis waarmee ze hun eigen ervaringen kunnen creëren voor jouw externe klanten. Hoe zou jouw organisatie eruitzien als jij een dergelijke *knowledge experience* zou bieden in plaats van de huidige informatiediensten? Wat zou jij allemaal anders doen als mensen voor deze ervaring entreegeld zouden moeten betalen?

Klanten zijn bereid om meer te betalen voor een memorabele ervaring. Technologie om unieke ervaringen te bieden wordt met de dag betaalbaarder. De concurrentie is moordend. Iedereen springt in het gat. De *Experience Economy* is er. Nu. De vraag is, wat wordt jouw rol? Ga op zoek naar dat kopje koffie dat jou zo speciaal maakt. Jouw maanlander. Jouw witte sokken. Ontdek waarmee jij een unieke en zinvolle ervaring kan bieden. Maak werk van jouw droom.

Experience Economy-actielijst voor de CIO:

1. Ga samen met je team op zoek naar inspirerende ervaringen en neem deel.
2. Evalueer hoe zinvol en memorabel je huidige dienstverlening is.
3. Pas je *mindset* vervolgens aan.
4. Test je omgeving en kijk hoe er wordt gereageerd op de ervaring die je biedt.
5. Werk samen met partners die beter zijn in informatiediensten dan jij.
6. Word vriendjes met de CEO en zorg ervoor dat deze belangrijke klant maar wat graag betaalt voor de ervaring die jij biedt!

Resources to Help You Succeed

User Experience Resources for the CIO:

- *Don't Make Me Think: A Common Sense Approach to Web Usability*, by Steve Krug (2005)
- *Sketching User Experiences: Getting the Design Right and the Right Design*, by Bill Buxton (2007)
- *Effective UI: The Art of Building Great User Experience in Software*, by Johnathan Anderson (2010)
- *The Simplicity Shift* by Scott Jensen (2003, www.jensondesign.com/The-Simplicity-Shift.pdf)
- *Best Practices in User Experience (UX) Design*, by Mike Gualtieri of Forrester Research (2009)
- *UX Magazine* (www.uxmag.com)
- *Interactions Magazine* (interactions.acm.org)
- *UX Intensive* (www.adaptivepath.com/events/2011/uxi/)
- *Usability Training and Certification* (www.humanfactors.com/training/)

Customer Service Resources for the CIO:

- *Customer Service – New Rules for a Social Media World* by Peter Shankman (2010)
- *The Nordstrom Way to Customer Service Excellence- A Handbook For Implementing Great Service in Your Organization* by Robert Spector (2005)
- *Be Our Guest - Perfecting the Art of Customer Service* by The Disney Institute (2011)
- *Customer Service for Dummies* by Karen Leland and Keith Bailey (2006)
- *Welcome To The Empowered Era - An Empowered Report: Reinvent Yourself To Serve Empowered Customers And Employees,* Forrester Report by Ted Schadler (2010)
- *Top Communities* (blog.leadernetworks.com/2011/02/71-top-online-customer-communities-big.html)
- *Webinar: Online Communities -- Getting Closer to Your Customers* (vimeo.com/19945897)
- *Mary Gober Training* (www.marygober.com/in-company-solutions/)

Customer Relationship Resources for the CIO

- *Managing Customer Relationships – A Strategic Framework* by Don Peppers & Martha Rogers (2011)
- *Harvard Business Review on Customer Relationship Management* (2001)
- *Zoho for Dummies* by Steven Holzner (2009)
- *How to Create a Magical Relationship – The 3 Simple Ideas That Will Instantaneously Transform Your Love Life* by Ariel and Shya Kane (2008)
- *Zero In On CRM HEROes: The Role Of Surveys, Observations, Analytics, And Engagement*, Forrester Report by James G. Kobielus (2010)
- *Trends 2011: Customer Relationship Management*, Forrester Report by William Band (2011)
- *Customer Think* (www.customerthink.com)
- *Destination CRM* (www.destinationcrm.com)
- *Successful CRM in a Connected World* training (www.cim.co.uk/tandq/training/courses/0600.aspx)

Employee Experience Resources for the CIO:

- *The Fifth Discipline: The Art and Practice of the Learning Organization* by Peter M. Senge (1990)
- *Empowered: Unleash Your Employees, Energize Your Customers, Transform Your Business* by Josh Bernoff and Ted Schadler (2010)
- *Getting the Employee Experience Right* by Frank Capek (tinyurl.com/Employee-Experience)
- *Employees First, Customers Second* by Vineet Nayar (2010)
- *Leading Geeks: How to Manage and Lead People Who Deliver Technology* by Paul Glen (2003)
- *The Service Profit Chain* by James L. Heskett (1997)
- *How the Janitor Saved Our Company* (tinyurl.com/5t82ghh)
- *Return on Behaviour Magazine* (www.returnonbehavior.com)
- *Branding from the Inside Out Master Class* (www.businessopeners.nl)

Customer Experience Resources for the CIO:

- *Authenticity – What Customers Really Want* by James H. Gilmore and B. Joseph Pine II (2007)
- *The DNA of Customer Experience – How Emotions Drive Value* by Colin Shaw (2007)
- *On Customer Experience - special edition for this article* (www.mikewittenstein.com/download/cio.pdf)
- *Better Customer Experience Correlates to Higher NPS Scores for Banks and Retailers,* Forrester Report by Megan Burns (2011)
- *The Emergence of Customer Experience Management Solutions,* Forrester Report by Brian Walker (2011)
- *Customer Experience Professionals Association* (www.cxpa.org)
- *Customer Experience Certification Program* (www.cemcertification.org)
- *European Customer Experience World conference* (www.ecew.co.uk)

Experience Economy Resources for the CIO:

- *The Experience Economy, Updated Edition* by B. Joseph Pine II and James H. Gilmore (2011)
- *Infinite Possibility: Creating Customer Value on the Digital Frontier* by B. Joseph Pine II and Kim C. Korn (2011)
- *Economy of Experiences* by Albert Boswijk, Ed Peelen and Steven Olthof (2012)
- *RecrEAtion: Realizing the Extraordinary Contribution of Your Enterprise Architects* by Chris Potts (2010)
- *Creating Experiences in the Experience Economy* by Jon Sundbo and Per Darmer (2008)
- *TED Talks: Joseph Pine on What Consumers Want* (on.ted.com/9uSG)
- *TechShop Opens in San Francisco (youtu.be/V2M9h1cPNBo)*
- *Investing In Marketing's Technology Future,* Forrester Report by Robert Brosnan (2011)
- *Experience Economy Expert Certification* (www.strategichorizons.com/certification.html)

Speakers, Advisors & Consultants to help you on your journey:

In alphabetic order...

- Albert Boswijk *(www.experience-economy.eu)*
- Annick Schoon *(www.dianthvs.nl)*
- Bruce Temkin *(www.temkingroup.com)*
- Chip Bell *(www.chipbell.com)*
- Chip Conley *(www.chipconley.com)*
- Chris Parker *(www.cool-experience.com)*
- Chris Potts *(www.dominicbarrow.com)*
- David Camps *(www.client-experience.com)*
- Didier Marlier *(www.enablersnetwork.com)*
- Dion Hinchcliffe *(www.dachisgroup.com)*
- Frank Capek *(www.customerinnovations.com)*
- Ian Golding *(www.customerexperienceconsultancy.com)*
- Jeanne Bliss *(www.customerbliss.com)*
- Joe Pine *(www.strategichorizons.com)*
- Lou Carbone *(www.expeng.com)*
- Martin van Krimpen *(www.buvalco.com)*
- Menno van Doorn *(www.mennovandoorn.com)*
- Micah Solomon *(www.micahsolomon.com)*
- Michael Kanazawa *(www.bedrockbrands.com)*
- Mike Wittenstein *(www.mikewittenstein.com)*
- Rob Jacobs *(www.dianthvs.nl)*
- Roman Clemens *(www.developmentadvisors.nl)*
- Sirte Pihlaja *(www.shirute.com)*
- Steven Walden *(www.beyondphilosophy.com)*
- Ted Schadler *(blogs.forrester.com/ted_schadler)*